管理者的实践逻辑

刘 成 —— 编著

上海交通大学出版社
SHANGHAI JIAO TONG UNIVERSITY PRESS

内容提要

管理具有普遍性,管理的效率和效果主要取决于管理者的作为,不同管理者对同一组织管理的结果差异很大。本书从研究管理的发展与管理的概念入手,聚焦于组织管理者的思想和行为,按照管理工作的实践逻辑,从目标溯源至行为、再溯源至理念,将管理整合成一个有机整体;然后再从管理定义出发,分析管理者应该秉持的管理思想和理念,需要用哪些管理方法和工具,如何来评价管理成效,最终要实现怎样的组织目标等,将管理的各个方面的知识融为一体,使管理者不仅能够更好地理解管理内涵,同时也能够更好地运用管理工具,以帮助初为管理者的同仁们起好步、开好头,而那些已经有管理工作经验的管理者则可以在梳理管理思路的思考框架方面得到借鉴。

图书在版编目(CIP)数据

管理者的实践逻辑/ 刘成编著. —上海:上海交通大学出版社,2020
ISBN 978 - 7 - 313 - 23395 - 0

Ⅰ. ①管… Ⅱ. ①刘… Ⅲ. ①组织管理学 Ⅳ. ①C936

中国版本图书馆 CIP 数据核字(2020)第 105293 号

管理者的实践逻辑
GUANLIZHE DE SHIJIAN LUOJI

编　著:刘　成

出版发行:上海交通大学出版社　　　　　　地　址:上海市番禺路 951 号
邮政编码:200030　　　　　　　　　　　　电　话:021-64071208
印　制:苏州市越洋印刷有限公司　　　　　经　销:全国新华书店
开　本:880 mm×1230 mm　1/ 32　　　　　印　张:6.625
字　数:154 千字
版　次:2020 年 8 月第 1 版　　　　　　　 印　次:2020 年 8 月第 1 次印刷
书　号:ISBN 978 - 7 - 313 - 23395 - 0
定　价:78.00 元

出生在一个快速变化的时代，得益于各种机缘巧合，得益于航空业的快速发展，更得益于自己所在企业的培养，我较早开始参与组织的管理工作，并逐步从专业管理领域扩展到通用管理领域，从低层级一线管理人员晋升到中高层级和总部的管理人员，还有幸在相当长的一段管理经历中专门从事人才发展和管理人员培养工作，这就使我有机会接触和熟悉许多管理人员，从而对各层级管理人员有了更近距离的观察和研究，也引发了我对管理这个命题的思考。

与许多欧美企业不同，中国的企业管理者大多数在任职管理职务以前并没有学过企业管理系统性知识，特别是在 20 世纪 90 年代以前，管理者主要来自各专业技术领域，套用"学而优则仕"的说法，就是"干而优则仕"，先在某个特定的岗位上做一名员工（个体贡献者），干得好了，然后就被提拔到了管理岗位上。因此，这使我们企业的管理者有一个很大的优势，就是懂专业；但从另一个角度来看，懂专业也成为我们管理者最大的劣势。这是一个悖论，懂专业的管理者比较容易与被管理者进行沟通，也容易取得被管理者的信任，这是优势；然而因为非常懂专业，就容易不由自主地钻在专业里,从专业工作者的角度思考管理问题,这可能造成太过聚焦专业而显得思考范围不全面的结果,限制了管理者的视界;也可能出现以专业人员的逻辑方法思考而不符合管理者思考逻辑方法的问题,从而可能导致一个很好的专业工作者难以胜任其管理岗位的问题。

这种现象的出现有我们与西方发达国家所处的发展阶段不同的原因,更有我们的管理环境和管理文化存在着差异的原因。

从发展阶段而论,1949年以来的几十年,特别是改革开放后的三四十年时间,中国经济跨越了资本主义发展的数百年历程,生产力得到了巨大的提升,但与之相对应的生产关系的变革和适应还需要一个过程,因为技术引进的跳跃式发展相对比较容易,但是人的观念改变却很难跳跃,人才的培养也需要一个较长的过程,要找到适应于特定生产力发展的生产关系模式更需要一个长期过程。

而从管理环境和管理文化来看,主要表现在社会结构和伦理道德观念差异上。与西方社会普遍存在的团体格局(个人本位、人与人平等关系、交叉融合少)不同,用费孝通的话来说,中国社会的构成是差序格局的,即以乡土观念为基础,个人依附在家族之上,以宗法群体为本位,以亲属关系为主轴,形成网络关系。更重要的是网络中每个人的地位并不平等,而是呈现为一种差序格局,且同一人与不同的群体组合时会呈现不同的差序格局,人与人之间的关系在不同环境下表现为深层次的融合发展而产生的质的差异,这种差异必然影响到管理工作的方方面面。

同时,社会结构的差异也带来了伦理道德标准的差异,最典型的就是西方社会的个人主义文化价值观与中国社会集体主义文化价值观的矛盾,这种文化和道德标准的差异使得管理者可以采取的管理方式和方法也会呈现差异性,需要对特定文化下的管理进行区分。另外，受文化和传统的影响，东西方的思维方法也存在差异，西方更注重分析思维，中国更注重综合思维，所以西方的管理学是分科来进行学习的，纵向深究比较多，而中国文化中的管理和领导都是综合式、概括性的，横向包容整合比较多。

中西方管理环境和管理文化的差异当然还有很多，在此无意一一列举。我想阐述的是，正是因为这些差异的存在才触发了我重新审视思考在中国文化环境下如何开展管理的问题，特别是如何以逻辑化的思路让我们的管理工作更加浑然一体，得到整合，形成系统；还有更重要的一点，就是站在管理者的视角，而不是管理学家的视角，来思考和理解管理工作，也有一点实用主义的意思，这就是为什么本书命名为"管理者的实践逻辑"的原因。

最后，能完成这本书还要感谢上海交通大学出版社的赵斌玮老师锲而不舍的努力，是他的认真才让我有不负使命的责任感，最终完成了这本书的撰写。

本书没有请各种名家来写序或者用美言来推荐，除了不想增加作为读者的您的负担外，我相信正如"鞋子合不合脚，自己穿了才知道"一样，"道理对不对路，自己读了才知道"。可以不受他人影响自我阅读、独立思考对于大多数爱书者和爱钻研的人来说是更好的一件事，我相信我们每一位读者都是最好的书评家，而每一位有经验的管理者则都是一位难得的鉴赏者。

不以物喜，不以己悲。谨以此书纪念我自己从事管理培训的20年。

再次感谢上海交通大学出版社，感谢本书的编辑樊诗颖老师的辛勤付出。

刘成　2020 年 3 月 26 日于成都

CONTENTS | 目录

引　言

狄更斯在《双城记》开篇中有这样一句名言：这是一个最好的时代，也是一个最坏的时代。

其实对任何一个时代来说，总有人说好，总有人说坏。人是如此，企业也如此。而时代（准确地说，是"时势"）对企业的影响更胜于对个人的影响，正如张瑞敏所说，"没有成功的企业，只有时代的企业"。一则所有的企业必须跟上时代的步伐才能生存；二则时代变迁太快，你很难永远踏准时代的节奏。

除以上两个原因外，为什么说"没有成功的企业"，其实还有第三个原因，也是一个更加关键的原因，那就是：各人口中所说的成功其实有着不同的含义，我们还没有一个明确的标准来判断什么是成功的企业，也就是说标准量尺还没有（每个人衡量的尺度不同），又如何来统一衡量和评判所测得的结果呢？

与人一样，我们也把企业看成"人"，我们称为"法人"①，即把企业也看成是一个有机生命体。但是不像我们对"人"的定义和了

---

① 第一个给"法人"下定义的海尔塞说："法人就是一国范围内被承认为权利主体的除自然人以外的所有一切事物。这个权利主体可以由人构成，具体而言是由单个（公共机关的官员）或者多个人构成，也可以是物质，即单个土地、一个人的所有财产，或者被捐献出的为公益目的和被置于特别管理下的财产。"

1

解那么清晰,从出现"法人"这个词开始,其内涵就具有不确定性,更不用谈具有准确清晰的影像,它只存在于法律抽象的词条表达中,而且是用那种不能被称为定义的定义①所进行的表达。因为我们最多仅知道它不是什么,但不知道它是什么。

即便如此,这丝毫不妨碍我们运转着一个又一个被称为"法人"的企业,如果从企业的盈利性定义②来看,资本主义诞生之初就有了企业;如果从企业[1]生产商品、服务于客户和创造客户[2]的意义来看,企业已经活过了几千年——有商品交换时起其实就有企业。而这些所谓企业生命体的寿命长短不一,从不足一年、不足十年,到可以延续百年③,甚至千年④,与自然人相比,其差异之大足以使人瞠目结舌;同样,企业的体量也是大小不一的,从一人制企业、家族企业到员工数以千计、万计或十万、百万计的企业,变化莫测;再或以资产和产出计算,企业可能是1元注册⑤、产出不大的"小微",也可能是拥"金"自重、富可敌国的"日不落"全球化企业。当然企业的声誉也不仅以时间、规模、产出来计算,更可能是以影响力来计算的。正如提到一个人时我们也鲜有提及其寿命、体重、财富,而是更多谈到其特有的行为或成就带来的影响,"死而不亡者寿",人死了,但是你的事迹留下了,你的影响力依然存在,那你就是死而不亡,你的名字就依然具有生命力。

---

① 按照圣奥古斯丁的概念,"我认识大象,但我不能给它下个定义",因为我们只知道它不是什么,而很难说清楚它是什么。
② 《企业法》中关于企业的定义表述为:"企业是指依法设立的以盈利为目的从事生产经营活动的独立核算的经济组织"。
③ 中国长寿企业"六必居"成立于1530年,距今490年。
④ 据吉尼斯世界纪录记载,到2017年止,日本山梨县的西山温泉宾馆已有1310年的历史。
⑤ 2013年10月,中国政府决定为降低创业成本,激发社会投资活力,一人有限责任公司没有最低注册资本要求。

不过企业法人与自然人还是有巨大区别的。人的生死是由自然而定的,我们自己操控的空间不大,企业却是一个有巨大空间可以变换腾挪的实体。自然人的自我个体因死亡而归于无,不带走一片云彩,虽然有亲戚余悲,最多也就是寄托哀思,余悲者多半也忘性大,不久便淡然了。但企业的自我却往往不能一死而百了,其死对于曾供职于企业的往者,见证其衰亡的今者,以及无数受益或曾增益于该企业的生者都是一个巨大的冲击,因为企业的生命不是由一人所托,也不是一人所成。企业是聚集人的家园。一群人怀着共同的梦想,有着共同的期待,为着共同的目标走到一起,他们不仅把自己的青春和热血奉献给企业,也把自己的情感和精神寄托留在了企业;他们中的很多人是为这个企业而活,并且愿意代代传承、以企为家,或者自己和整个家族干脆与企业荣辱与共了。所以企业的生死存亡就不那么容易看淡,企业的成败得失就需要更多的诠释空间。一日之荣未必是荣,一时之兴未必是兴,沉浮动荡乃常态,烈火涅槃也未必不是福气。那么什么是企业之本呢?是机器、资本,还是机制和人? 有人说“一招鲜吃遍天”,有人说“靠我们的系统”,有人说“靠我们的诚信”,有人说“靠资本的力量”,也有人说“靠技术的创新”,不一而论,这确实是一道没有标准答案的难题。

毫无疑问,企业成功是很多元素或要素的组合,每个元素或要素需要出现在适当的时候、适当的地方,而能够对这些元素或要素进行整合的最终还是人。自然的“人”是这道难题中的基本答案,或者是基本要素;但不是一个人,而是一群在企业中活跃着的、有着影响力的人。这些人存在于不同的层次、处在不同的岗位、有着不同的思想、体现不同的能力,这些人中的每一个既重要又都不那么重要,重要的是没有每一个人的存在,这个集体就不存在;不重要的是"铁打的营盘流水的兵",一旦组织存在了,个体就融化在集体中,涓涓细流汇成大海,大海少了一股细流还是大海。

企业这个集体中最重要的是那么两个集合或者那么两个群体:他们的名字分别是个体贡献者和管理者。虽然这两者没有绝对的标签,也可能在很多条件下可相互转化,但相比而言,在企业的经营发展中,管理者发挥着更加重要的作用,管理者主导着企业的方向,监控着企业的发展,也对企业的成果负责,更是企业发展的决定力量。特别是在 21 世纪这个不确定和复杂的时代,管理者的重要性体现在:"组织比任何时候更加需要管理者的管理技能和能力以有效识别关键问题并提供快速响应;管理者不仅在确保让工作得到落实方面至关重要,同时也是公司走向未来道路上的关键角色;管理者不仅直接影响生产流程本身的效率和质量,且对于员工的产出和忠诚度影响巨大"[3]。

所以本书要讲的就是管理者的思考、管理者的行为、管理者采取的手段以及管理带来的结果!

参考文献

[1] 彭哲.企业是什么[J].经理人,2017(10)。"企业"在英文中经常用 business 一词对应,指一家企业或组织,它参与商品和服务的生产与交换,并由此获得利润。
[2] 德鲁克.管理的实践[M].北京:机械工业出版社,2006.
[3] 罗宾斯,库尔特.管理学(第七版)[M].北京:中国人民大学出版社,2004.

第一章
管理者的实践逻辑

科学用逻辑和概念等抽象形式反映世界。

——《辞海》[1]

第一节　管理的演变

在人类社会中,群体以组织的形式存在,有人类就有作业活动,有作业活动就有管理活动,管理活动的历史与人类的历史一样久远[2]。管理的核心是通过分工与协作达成目标,是群体为了实现超越个人能力范围的目标而采取一致行动的一种手段,因此是人类在与自然的斗争中逐步形成的工作方法。互助协作是最初的形式,其后通过发现个性禀赋差异,使技能更加专业化,达成更高效的合作①。在原始社会、奴隶社会和封建社会,这种经济上协作的范围是有限的,而在政权维护和战争方面,分工和协作则深入得多。

工业革命开始后,大机器生产的发展促成了经济活动领域分工合作进一步加强,也使得劳动生产率大幅提升。亚当·斯密认为,分工提高效率的原因主要有三:一是分工提高了工人的熟练程度和灵巧性;二是分工节省了不同类型工作切换过程中损失的时间;三是分工促使大量节省劳动时间的机器被发明,从而使一个人可以承担和完成许多人的工作[3]。

泰勒吸取了亚当·斯密的劳动分工论思想,并通过行为观察和结果验证的实证方法证实了劳动分工带来的效率提升,特别是在不增加劳动者负荷的情况下采用标准化工具、优化微观生产过程,提高生产效率。最著名的就是其在"工厂管理"章节中提到的搬运生铁实验和铲矿砂实验,这是些最笨重也是最简单的工作,通

---

① 在《国富论》第一章的开篇,亚当·斯密就写到,是劳动分工导致了技能、灵巧性和判断性的差异(而不是相反,即禀赋差异促成劳动分工)。

常人们不认为其中有任何科学可言。但是经过泰勒的现场实验研究,并对动作和工具进行重新设计和改进后,生产效率得到了大幅提升,使人们发现,即使在最原始的工作上,也有一种科学[4]。同时泰勒还明确了工人和管理者的角色,从协作和互相合作的需要出发,第一次把管理者和工人的角色进行分工,并特别指出,按照新的管理哲学(即科学管理哲学)要求,应该把工作中的一大部分责任搁到资方身上(管理者身上)。这一观点强化了科学管理中管理者的责任,不仅发展了管理理论,也为科学管理奠定了基础。

与泰勒所走的管理研究路线不同,法约尔是以对大企业的整体管理状况作为研究对象入手分析的,因而其管理理论更着眼于全局。他把管理活动与企业的技术活动、商业活动、财务活动、安全活动、会计活动(1+5,共六种活动)区分开来,发现管理活动的特点中包括计划、组织、指挥、协调、控制五种因素,也可以称为五种职能。实行这五种职能的管理者与执行其他五种活动的工人(或下属人员)所需要的能力要素也是不同的,其中"在各类企业里,下属人员的主要能力是具有企业特点的职业能力,而较上层的领导人的主要能力是管理能力"[5]。围绕这五种职能的展开,法约尔又提出了一系列管理原则,如:分工原则、权限范围原则、纪律原则,共14项。

与法约尔同时代的马克斯·韦伯研究了经济组织与社会之间的关系,提出了一种可以从小规模的创业主管理向大规模的职业性管理过渡的规范性的理想行政组织体系,这种理想组织就是科层式组织结构(或官僚式组织结构)。该组织应以合理合法的权力为基础,理想的行政组织体系的主要特点[6]为:① 把每一个组织为了实现其目标所需要的全部活动都划分为各种基本的作业,作为任务分配给组织中的各个成员,组织中的每一个职位都明文规定其权利和义务;② 各种职务和职位是按照职权的等级原则组织起来的,形成一个指挥体系或阶层体系;③ 组织中人员的任用,完全根据职务上的要求;④ 官员是委任而不是选举的;⑤ 这些官员并不是他们所管理单位的所有者;⑥ 组织中人员之间的关系是一种不受个人感情影响的关系,完全以理性准则为指导,公正不倚;⑦ 采用"职业的"管理人员制度,升迁由上级决定以保证指挥体系;⑧ 管理人员必须严格遵守组织中规定的规则和纪律。

至此,管理的基本要素或者说基本概念,包括组织、分工、管理者、劳动者等得到确定。

在古典管理理论基础上,现代管理理论拓展了研究范围。标志性的研究是心理学家梅奥主持的霍桑(工厂)实验[7],打破了传统管理理论研究的经济人(理性人)假设,发现人是社会的动物,是群体性的动物,除了生存以外,还有社会、心理等多方面的需求,提出"社会人"的假设,建立了行为主义的研究范式,即行为科学派,并取得了一系列丰硕成果,如马斯洛的需求层次理论、赫茨伯格的双因素论,麦格雷戈的"X－Y理论"、布莱克和莫顿的管理方格图等。

除行为科学管理学派外,随着现代科技的飞速发展,不仅社会生产力得到快速提升、生产的社会化程度不断提高,而且也呈现更加多元化的社会价值观,这使得更多的管理思想得以涌现。一是科学管理学派(或管理科学学派)在经典管理理论的基础上,引入运筹学、系统工程、信息技术等理论,形成定量研究的传统,并进一步用数学建模和计算机运算的方式求解管理问题,以求对管理问题获得不断改进和完善。二是以西蒙为代表的决策理论学派的发展,其认为管理的核心就是决策,决策贯穿管理的全过程,因此管理的重点是研究如何决策，即如何确定决策目标，如何收集信息和确定方案，如何执行选定方案，如何进行检查与控制。由于人们关于理性的观点发生变化（从形而上的理性、笛卡尔理性至上的理性主义、穆勒的完全理性①到有限理性），决策的原则也从最优原则过渡到满意性原则，更加关注信息的可获得性和信息价值（如少即多原则），更加关注决策的时效性和有效性。三是系统管理学派，传统管理理论的模型一般都假定系统是封闭的，但从社会系统学派衍生出来的系统管理学派以更广的视野来看待管理，认为企业不是一个封闭的系统，而是一个开放的系统，企业组织是一个完整的系统，是与其系统外的社会系统和其他系统也紧密相连的。系统不仅具有复杂性，而且具有开放性、可变性。四是权变理论学派，其基本观点是管理行为和方法与管理者所处环境的特点紧密相关，因此在一个环境内适应的管理方式方法到另一个环境内未必能适应，不存在一个普遍适用、一成不变的"最好的"管理方式，比较有效的做法是归纳出环境的基本类型，并为每一类型提供管理模式的建议。在大众创业、万众创新的今天，管理复杂性的增加使得权变理论学派更加盛行，以权变理论为基础，运用心理学、行为学等方面新的理论研究成果形成了新的管理方法，如"情境管理理论"。五是社会系统学派，社会协作不单发生在正式组织中，也发生在正式组织与非正式组织之间，且在正式组织内也会形成非正式团体。由于各级组织存在不同的组织目标，这些目标之间可能存在冲突，进而导致组织之间发生冲突，因此作为管理工作的核

---

① 完全理性是穆勒结合亚当·斯密和西尼尔个人利益最大化理论发展出来的"经济人"模型中的一个假设，是指在信息充分的条件下，自私自利的人在面对一切选择时会通过成本—收益分析来进行最优选择。完全理性人具有四个特点，一是完全了解他所处环境的信息和知识，二是个人偏好具有稳定性、条理清楚，三是具备完全的计算和信息处理能力，四是完全会按照个人偏好选择。

心管理者,需要充当相互联系的中心,对协作各方广泛协调,以避免消极影响。六是以德鲁克为代表的经验主义学派,经验主义学派立足于分析成功企业的管理经验,认为有关企业的理论应该从企业的实际出发,特别是以大企业管理经验为研究对象,加以抽象和概括并进行推广[8],崇尚以实践为基础,以成就作为权威。七是中国式管理(东方管理理论)。中国式管理有着悠久的历史,以儒释道的文化融合为基础,并在全球经济环境下,系统地梳理、提炼中国古代、近代和当代经济与管理实践的经验和教训,融合古今中外的思想精华,形成具有中国特色、全球视野的管理理论体系。中国式管理的根基和管理精髓是"以人为本、以德为先、人为为人"的思想,目标是构建"和谐社会"[9],在管理方式方法上则不拘一格,以适用为原则,特别是改革开放以来以经济发展为中心的中国式管理更加强调效率优先。

第二节　管理的定义

前文对部分的管理理论和比较有影响力的管理学派进行了简要介绍,这一节将对管理的定义做一些梳理。

与管理研究的发展一脉相承,有多少管理理论和体系,就有多少个关于管理的定义,并且每一个理论或学派在不同的使用环境下还会对管理概念有不同的解释,因此有关管理的定义和解释可以说是汗牛充栋,有学者做过统计,关于管理的定义数目不下万种。

不过,笔者没有打算穷尽所有管理的定义,了解管理的定义无非是想知道:管理中的核心是什么? 管理受哪些因素影响? 管理要如何推进？该从哪些方面来评价管理的水平？而不是要看有多少个组合，有多少种说法。

如何给管理下定义呢？

1. 泰勒的定义

管理学作为一门学科是从"科学管理之父"泰勒开始的，泰勒认为：

> 管理的主要目的应该是使雇主实现最大限度的富裕，也联系着使每个雇员实现最大限度的富裕……在一个更复杂的制造业企业中，情况也将是十分清楚的，只有在企业能做到以最小量的综合支出（包括人力、自然资源和以机器、建筑物等形式出现的资本的费用等）完成了企业的工作，才能实现工人最大的富裕，同时也结合着雇主的最大富裕。
>
> 管理技术的定义是"确切知道要别人干什么，并注意他们用最好最经济的方法去干……而雇主和工人的关系无疑是这项技术的最重要部分"。

所以在泰勒那里，管理的定义可以归纳为：管理是一门技术，管理就是确切要知道别人干什么，并以最好、最经济的方法和以最小量的综合支出完成企业的工作，实现雇主和工人最大的富裕。

2. 法约尔的定义

法约尔通过对企业的活动进行分类，认为不论企业大小、复杂程度如何，都包括六组活动（指技术、商业、财务、安全、会计、管理），管理活动只是其中的一组。

管理，就是实行计划、组织、指挥、协调、控制；其中计划就是探索未来，制订行动计划；组织就是建立企业的物质和社会的双重结构；指挥就是使其人员发挥作用；协调就是连接、联合、调和所有的活动及力量；控制就是注意是否一切都按已制定的规章和下达的命令执行。

……

"管理"既不是一种独有的特权，也不是企业经理或企业领导人的个人责任。它同别的基本职能一样，是一种分配于领导人与整个组织之间的职能。

法约尔对管理的定义可以归纳为：管理就是实行计划、组织、指挥、协调、控制，是一种分配于领导人与整个组织之间的职能。

3. 孔茨的定义

孔茨在其《管理学精要》中这样写道：

管理就是研究如何为以团队方式工作的个体设计和保持某种特定的环境，从而使其能够高效实现企业既定目标的工作过程。从广义上可以这样理解管理的定义：

（1）管理者的职责就是实施计划、组织、人员配置、领导和控制这几项基本管理职能。

（2）管理理论适用于各类组织。

（3）管理理论适用于组织中各层次管理者。

（4）所有管理者的天职是相同的，即创造"盈余"。

（5）管理与生产率息息相关，这意味着管理必须同时考虑效率和效益这两个问题。

组织管理是一群人的协调工作，为组织创造"盈余"。在经济组织中，"盈余"就是利润。而非经济组织，如慈善组织，盈余则可能是需要的满足。例如，一所大学通过创造和传播知识或者为社区、社会提供服务来实现"盈余"。[10]

在孔茨看来，管理就是研究如何为以团队方式工作的个体设计和保持某种特定的环境，从而使其能够高效实现企业既定目标的工作过程，而这个既定目标就是为组织创造"盈余"。

4. 卡斯特的定义

费里蒙特·卡斯特是系统学派的管理学家，他对管理定义的表述贯穿了系统学的思想体系。

管理应包括为完成目标而从事的，对人与物质的资源协调活动。我们常谈到个人对其事务的管理，但管理通常的含义指的是群体努力。可为其定出四个基本要素：朝着各种目标；通过人；运用技能；在某一组织中。

……

（综合起来讲）管理是一个组织中的人们所从事的智力工作（思维、直觉、感觉）。管理是组织系统中的主要子系统，它涉及整个组织并成为联系其他所有子系统的主要力量，管理包括如下内容：

（1）协调人力、物力和资金，旨在有效而高效地实现组织目的。

（2）把组织与外部环境联系起来并对社会需要做出反映。

（3）发展能使人们实现其个人和集体目标的组织氛围。

（4）执行某些可定义的职责，如目标制定、计划、积聚资源、组织、实施和控制。

······

管理者可以将人、机器、材料、金钱、时间、场地等各种资源转变成一个有用的企业。从根本上说，管理就是将上述这些互补相关的资源组合成一个达到目标的总系统的过程。[11]

在卡斯特这里，管理是通过人并将人、机器、材料、金钱、时间、场地等各种互补相关的资源组合成一个以组织名义开展活动并达到组织目标的总系统的过程。

5. 德鲁克的定义

彼得·德鲁克作为实践派管理学家，对企业（工厂）生产管理有很深入的研究，他认为管理有多个不同的定义方式：

管理（层）可以定义为一种经济机制（器官），是工业社会的一种特定的经济机制（器官）；管理也可以进行否定性的定义，即管理绝不能成为一种精确的科学。当然，最终检验管理的是企业的绩效，唯一能证明（管理水平）这一点的是成就而不是知识。换言之，管理是一种实践而不是一种科学或一种专业，虽然它包含这两方面的因素。如果试图通过向管理者"颁发许可证"，或者把管理工作"专业化"，没有特定学位的人员不得从事管理工作，那将会对我们的经济或我们的社会造成更大的破坏。

管理的首要职责是管理企业，管理的第二种职能是利用

15

人员和物质资源造就一家能创造经济价值的企业。具体地讲，这就是对管理人员进行管理的职能。管理的最后一项职能是管理工人和工作。[12]

这段话简洁地概括为：管理是一种实践，其本质不在于"知"而在于"行"；其验证不在于逻辑，而在于成果；其唯一权威就是成就。[13]

德鲁克除了是那个时代最务实的经济学家和管理学家外，他还对人性有深刻认识，并富有同情心。他认为：管理的本质，其实就是激发和释放每一个人的善意。对别人的同情，愿意为别人服务，这是一种善意；愿意帮人家改善生存环境、工作环境，也是一种善意。管理者要做的是激发和释放人本身固有的潜能，创造价值，为他人谋福祉。这就是管理的本质[14]。

6. 西蒙的定义

决策学派的赫伯特·西蒙在其《管理行为》[15]一书中这样写道：

任何实践活动，无不包含着"决策制定过程"和"决策执行过程"。而且决策的任务同执行决策的任务完全一样，也是渗透在整个组织当中的。

一个组织的管理、监督人员，是通过影响操作人员的决策，即影响处于最低管理层次上的那些人的决策，参加到实现组织目标的行列里来的。

所以对于西蒙的管理定义最简洁的表达就是：管理即决策。

7. 罗宾斯的定义

美国管理学家罗宾斯在《管理学》[16]一书中这样定义：

> 管理是一个协调工作活动的过程，以便能够有效率和有效果地同别人或通过别人实现组织的目标。过程代表了在一系列进程中有管理者参与的职能或活动，这些职能一般划分为计划、组织、领导和控制。

8. 周三多的表述

在周三多主编的《管理学》[17]一书中，管理的定义如下：

> 管理是指组织为了达到个人无法实现的目标，通过各项职能活动，合理分配、协调相关资源的过程。对这一定义可做进一步解释：
> a）管理的载体是组织；
> b）管理的本质是合理分配和协调各种资源的过程；
> c）管理的对象是相关资源，即包括人力资源在内的一切可以调用的资源；
> d）管理的职能活动包括信息、决策、计划、组织、领导、控制和创新；
> e）管理的目的是实现既定的目标。

9. 郑明身的表述

郑明身认为：

只要有两个或两个以上的人，为了完成他们当中任何一个人都不能完成的任务，而必须把他们各自拥有的资源（体力、脑力、时间、工具以及其他经济技术手段）及活动手段有效地结合在一起，就需要管理。所以，从一般意义上讲，管理就是有意识地协调人们的共同活动，达到一定目标的工作过程[18]。

对比而言，郑明身的管理概念是一个非常广义的概念，管理是有意识地协调人们的共同活动，达到一定目标的工作过程。

10. 陈春花的思考

陈春花在其"五问管理是什么？"一文中对管理在五个方面的内涵做了阐述。

管理是决策，管理者所做的一切决策，就是要让下属明白什么是最重要的；管理是利用的规律，管理的基本规律：一是管理只对绩效负责。二是在管理体系中人与人并不平等。三是管理不谈对错，只是面对事实，解决问题。四是管理是一个过程，管理是目标的整合。评价管理水平高低的标准其实只有一个，就是是否能够通过管理，让组织里每一个人的个人目标与组织发展的目标合而为一。五是管理资源下放，管理的关键是要让一线员工得到资源并有权运用这些资源[19]。

第三节　管理再定义

上一节列出了十个关于管理的定义，这些定义出现在不同时期、不同学者的不同理论中。如何理解这些表面上看似千差万别的定义,关键还是要透过现象看本质,看每一个定义中的核心要素。应该说,管理工作内容虽然千变万化,但是其管理目的、管理手段、管理方法应该是有规律可循的。刘人怀在其《现代管理的中国实践》[20]一书中进行了总结,所有的管理定义都归结在八个不同的层次上来反映管理内涵,在这里笔者则将所有管理定义中的核心要素抽出后重新归纳为六个层次。

第一个层次,我们讨论管理概念的时候,是指同别人一起或通过别人把事情做好。前述已经介绍过,企业生产经营的人员分为两大类,即个体贡献者和管理者,因此要有管理者一定要存在下属,或者是存在可以进行指挥和任务分派的其他合作者。如果你的所有工作都可以通过自己完成,或者经由你的上级进行任务重新分配,那么你就不属于管理者。泰勒还说,管理是"确切知道要别人干什么",这是指管理的核心不是自己做,而是重点放在如何管理"别人"身上,这个"确切知道要别人干什么"不仅牵涉到任务指派,也牵涉到工作分解和授权等多方面的能力。

第二个层次,在企业经营管理实践中,管理是在组织内开展的活动,因此管理与组织紧密相连。卡斯特强调的四个要素中的一个就是"在某一组织中",形式既可以是正式组织,也可以是非正式组织。而组织的基本概念是两个或两个以上的人为共同目标而组成的互相依赖的群体,也可以把这个拥有共同目标的群体称为团队。在谈组织时,可以发现,组织存在还需要一个重要的因素,即组织目标(在孔茨那里称为"创造盈余")。管理是有目的的活动,没有目标,就不需要管理。组织存在的原因也是共同的目标或者目的,没有共同目标或目的的群体不是团队,只是个体的集合,当然组织最初存在的原因,也正如郑明身所说,因为他们的目标是

"完成他们当中任何一个人都不能完成的任务"。陈春花的管理定义中还谈到目标整合，因为组织目标并不是管理者个体的目标，而是组织成员目标的整合（合而为一）。因此管理定义的第二个层次就是管理概念中必须包含组织和目标。

第三个层次就是管理如何开展，或者说开展管理有哪些过程，也就是管理的职能有哪些。法约尔认为管理职能包括计划、组织、指挥、协调、控制；卡斯特的概念中则增加了目标制定、积聚资源和实施职能；周三多的职能含义还包括信息、决策、领导和创新。由于指挥、协调都归在领导的职能内，信息则是决策中的一个要素，创新和竞争策略与客户满意度有关，一般在管理职能上按照罗宾斯的分类，即管理职能包括计划、组织、领导、控制。决策也可以说是一个管理的职能，这个职能贯穿于所有管理活动中，同时管理者通过计划、组织、领导、控制这些管理职能，也如西蒙所说"影响最低层次（至少是下一层）或操作人员的决策"。

第四个层次是关于管理过程的输入问题，即管理内容。俗话说"巧妇难为无米之炊"，没有资源输入生产过程中就不可能有任何产出，管理的核心就是配置资源。这些资源既可能是郑明身定义中所说的"各自拥有的资源（体力、脑力、时间、工具以及其他经济技术手段）"，也可能是在组织外部能够获取的额外资源，或者如卡斯特所说的是把各自拥有的"互补相关的资源（包括人、机器、材料、金钱、时间、场地等）组合成一个达到目标的总系统"，这个总系统被称为企业。

第五个层次是关于如何让管理更优的问题。同样的资源怎么实现最大的产出，要解决有效性（效果和效率）和经济性，这需要管理者运用自己的管理技能。所以管理工作虽然不是为特定的人或人群所设，但是把管理工作做到优秀并不是每个人都能实现的，一方面取决于个人的个性特质，另一方面取决于其拥有的管理技能，还取决于其在实践中将管理技能与管理实际相结合的能力。

第六个层次是以什么态度来进行管理的问题。泰勒说，管理的目的是实现雇主和雇员(工人)最大限度的富裕；卡斯特说，管理要"使人们实现其个人和集体目标"；德鲁克说，"管理的本质，其实就是激发和释放每一个人的善意"。虽然陈春花认为"在管理体系中人与人并不平等"，但是相信管理要让"组织里每一个人的个人目标与组织发展的目标合而为一"，这必然要求管理者采取更加人性化的管理措施和方法，在实现组织目标的同时达成员工的自我实现，使管理者和员工之间"只是分工不同，没有高低贵贱之分"。

因此，如果需要的话，是否可以这样理解管理：管理是在特定环境下，对组织(两个或两个以上的个人为了实现共同的目标而结合起来协调行动的有机整体)所拥有的资源，以善意的、人性化的方式，进行有效(效果和效率)的计划、组织、领导和控制，通过别人或与其他人共同努力完成工作，达到既定组织目标的过程。

第四节　管理者及其责任与角色

管理是依靠管理者来实施的，虽然管理者与被管理者的互动是管理过程中的重要环节，但是这不代表可以削弱管理者的责任和管理者的主体作用。通俗地说，管理者就是管理一个组织或其从属单位的人。作为管理者，其显著特征是被赋予了一个组织的正式权力(这一点很重要，在讨论管理者与领导者区别时会再次提到)，但是，正式权力不仅是社会地位，更重要的是责任。

1. 管理者的责任和角色

泰勒在美国国会上关于管理问题的"证词"(收录在《科学管理原理》中)里强调,管理人员(管理者)承担的四项责任(也是科学管理的四条原理)为:

第一项责任(或第一条原理):就是由管理人员把过去工人们自己通过长期实践积累的大量的传统知识、技能和诀窍集中起来。管理人员主动地把这些传统经验收集起来,记录下来,编成表格,然后将它们概括为规律和守则,有时甚至将它们概括成为数学公式。尔后,将这些规律、守则、公式在全厂工人中实行,通过工人与管理人员的密切和用心的合作,就会取得下列结果:① 每个工人的产量大大增加,工作质量大大提高;② 使公司能够支付更高的工资;③ 使公司获得更多的利润。这第一条原理可以看作是,使工人建立一种用科学来代替过去习惯的工作方式。

第二项责任(或第二条原理):就是科学地选择和不断地培训工人。管理人员的责任一方面是细致地研究每一个工人的性格、脾气和工作表现,找出他们的能力。另一方面,更重要的是发现每一个工人向前发展的可能性,并且逐步地系统地训练、帮助和指导每一个工人,为他们提供上进的机会。这样,使工人在雇用他工作的公司里,能够担任最高的、最有兴趣的,最有利、最适合他的能力的工作。这种科学地选择与培训工人的行动并不是一次性的,而是每年要进行的,是管理人员要不断加以探讨的课题。

第三项责任(或第三条原理):就是把科学和通过科学的

方法选择、培训出来的工人结合在一起。"将科学与工人相结合"。因为,你们可发展任何一种你们所喜欢的科学,你们也可以科学地选择和培训任何数量的你们所需要的工人。但是,除非你们有人将科学与工人联结在一起,不然你们所做的一切将会前功尽弃。如果我们安排四分之三的时间,按认为是最适合我们的各种方法去进行工作,也就是说,要么按科学办事,要么不办,除非有人在检查是否在按科学管理工作,否则我们就会在适合时,或者采用科学的规律,或者就用我们自己的古老方法工作。因此,我在经过考虑后建议"将科学与工人相结合"。

第四项责任(或第四条原理):就是将一个机构中的实际工作差不多在管理人员与工人之间平分。也就是说,在旧式管理中的管理工作绝大部分是由工人承担的,在新的管理制度下,则将整个机构的工作平分成两部分,其中一部分转到管理人员方面。……(在这种新型管理方式下)工作先经过管理人员(分工),然后再由工人接着干,然后再交回管理人员干(整合、检查)。每一个工人的工作都与管理人员的工作互相衔接。一个工人先做一项工作,一个管理人员就接着完成另一项工作;另一个管理人员做一项工作,另一个工人接着做另一项工作,双方密切合作。

从这四项责任中可以看出,虽然管理者与员工在表面上没有什么不同,但是其承担的责任远远大于员工,管理者首先要参与"干"的过程,能干与员工相同的工作,"每一个工人的工作都与管理人员的工作互相衔接,一个工人先做一项工作,一个管理人员就接着完成另一项工作";而且还需要能干与员工不同的工作,如计划和分配工作；干一部分本来由员工自己干的工作，如收集员工工作的技巧和知识；以及干一部分员工不需要干的工作，如需要不断地选择和培训员工，更需要不断思考提高效率和效能的方法，把科学与工作相结合。

当然管理者的责任不仅于此，管理者要实现的是组织的目标，而如何实现组织目标，不是直接能按照管理的定义理解的，管理者承担的就是计划、组织、领导和控制工作？这个表述太笼统和抽象！明茨伯格告诉我们，"由法约尔于1916年首次引入的，目前已主宰管理学词汇的这四个词，实际上并没有告诉我们管理者真正该做什么。至多，它们也只是表达了管理者工作过程中某些模糊不清的目标"[21]。实际上，管理者还需要承担更多的责任（或角色责任），明茨伯格经过深入的研究把管理者的角色责任分为三大类10项[22]，分别是人际关系类中的名义首脑、领导者、联络官角色，信息传递（管理）类中的监控者、（信息）传播者、发言人角色，以及决策制定（和管理）类中的创业者、故障（混乱）排除者、资源调配者和谈判者角色。特别是，管理工作受外部环境的影响非常大，因此管理者与组织之外人员的联络时间几乎与其下属联络的时间一样多。

如此之多的角色集于一身，管理者必须进行很好的整合。一方面各种角色的工作负荷叠加会给管理者带来巨大的压力；另一方面并不是每一种角色需要分配同样的时间、有着同样的难度、获得等价的效果。所以管理者还需要根据自身的特点进行统筹，统筹包括减少或者推掉那些对组织目标实现无效或者影响不大的工作，授权给别人干那些对组织目标不是很重要的工作，推迟那些时间上不十分紧急的工作，最重要的是，紧紧抓住那些对目标实现至关重要的工作。而要做到统筹，管理者首先需要有对自身的内在洞察力,其次需要对所承担工作有很强的洞察力,还需要对管理的对象具有足够的洞察力,因为每个人都是与众不同的。这三项管理者能力分别可以归纳为管理自我、管理任务、管理他人的能力。如果再按照概念能力、人际技能、技术技能来划分,就知道在不同层次的管理者到底需要哪个方面的能力和素质要求了。

2. 你是否适合做管理者

德鲁克[23]曾经给"管理者"概念一个非常宽泛的定义。他把"管理者"泛指为"知识工作者、经理人员和专业人员",他们的职责是"必须在工作中做影响整体绩效和成果的决策",即管理者实际上指的是影响"组织整体"绩效和成果的人。虽然管理者普遍才智较高、想象力丰富,并具有很高的知识水平,但与管理者的才智、想象力和知识性相比,作为管理者不论职位高低,胜任水平的关键评价指标就是"有效性",因为"要想提高管理者的绩效和成就,使工作达到令人满意的程度,唯一可行的办法就是提高有效性"。

在有效性方面,德鲁克发现"一个人的有效性,与他的智力、想象力和知识之间,几乎没有太大的关系"。相反的是,"有才能的人往往最为无效,因为他们没有认识到才能本身并不是成果。他们也不知道,一个人的才能,只有通过有条理、有系统的工作,才有可能产生效益……智力、想象力和知识都是我们重要的资源。但是资源本身有一定的局限性,只有通过管理者卓有成效的工作,才能将这些资源转化为成果"。所以这就是为什么德鲁克强调"行",因为只有在工作实践中,才能不断检验工作的有效性,才能发展我们的管理能力。

管理者的有效性评判标准,决定了管理者必须亲身投入生产工作实践中去,不仅作为管理者,而且是作为生产资料或各种资源的一个要素投入,经历各个生产过程,实现生产成果。是否胜任管理者的第一要素是你是否真正投入生产实践中。管理是一门实践科学,而你的才智、想象力和知识性则为将你塑造成一个更好的管理者提出更高的要求。虽然理论可以反作用于实践,指导实践,但实践与理论的关系,犹如皮与毛的关系,皮之不存,毛将焉附。因此可以说,只要愿意实践,没有一个人不适合当管理者的,而反之,正如马云所说,MBA读得越多,越不适合做管理者(用一个不一定非常贴切的比方:没有管理经历的MBA学生有点像马谡,不适合当将军,但可以当将军的谋士)。

可喜的是,研究发现,并不存在适合当管理者的"有效的个性","卓有成效的管理者有一个共同点,那就是他们在实践中都要经历一段训练",因为有效性"是一种实践的综合"。只要勇于实践,在实践中不断学习,不断训练,不断改进,取得更加有成果的绩效,我们都能成为一名有效的管理者。

第五节　组　织

管理者是组织的管理者,如果没有组织,恐怕也就没有管理者[16]。组织是由人构成的,在这个系统中,人们为着一个(一组)目标来开展工作,以某种结构或某种关系互相关联,形成一个系统。

组织是在不断变化的。早期的组织按照农业生产模式形成一个较为松散和稳定的系统,也可以说,这时候是初级组织,或者按照李嘉图的说法,这是个由"一群没有组织的个人组成"[24]的"自然社会";而后出现了早期手工业和工业组织,但是其大部分的管理模式仍传承了农业经济的模式,依然是以人类社会的自然秩序来运作的。只有在进入 20 世纪,真正的大规模现代化工业生产进入成熟阶段后,组织发展才走上快车道。

1. 组织的由来

按照狭义的管理概念,对于管理者来说,"先有组织,后有管理"是正确的。领导者以影响跟随者为目的,以愿景来引领和激励跟随者为手段,其任务目标并不十分明确;管理者则以任务为导向,以实现组织目标为目的,因此管理者通常更加正式,常常是被任命的,是以其职位权力为基础来开展工作的。但从广义的管理概念来看,人类社会从原始社会甚至更早就已经有了管理,因为人不仅在生存中需要相互依赖和合作,而且人的情感发展也需要相互依赖,所以人的本性是社会性的[11],社会性的存在意味着协调、沟通的需要,因此就有管理的必要。当然社会性的水平是随着组织的发展而不断扩大的,从家庭、非正式组织、小型农业社区、正式组织、工业组织,一直到大型复杂现代化的工业组织,所以按此分析可认定,管理是先于正式组织而存在的。

组织是人类社会活动的载体,今天我们每个人都是有组织的社会成员,因为我们每时每刻都在合作完成各种群体目标。

2. 组织概念

组织是什么?

简单地说,组织是人们为了达到某种共同的目标而结成的人际关系系统[25]。这个系统中有三个核心要素,即一定数量的人、共同目标、一定的人际关系。

巴纳德认为"正式组织是有意识地协调两个以上的人的活动

或力量的一个体系"。要开展协调则意味着必须具备三个条件：

(1) 具有能够互相进行信息交流基础的人们。

(2) 这些人们愿意做出贡献，有意愿付出努力。

(3) 实现一个共同目的。

这三者相互依存，共同目的是组织存在的根本原因和动力，也是协作系统中人们行为的驱动力和激发因素；信息交流能力是组织开展工作的能力基础，它不单是协作的技术要素，还可以使组织获得内部的经济性，同时也是协作意图和协作目标表达的工具；有协作意愿是组织得以实现有效性和获得效能的保障，是协作系统不可缺少的，当然意愿也具有动态变化的特点。

3. 组织的产生

正因为人类生存和发展所具有的天然协作性，所以组织的存在(正式的或非正式的)也是自然的。

组织的产生可能有以下四种方式：

(1) 自发产生，特别是在出现一个显而易见的、公众都可能承担责任的目标任务的时候，以任务导向或者问题导向而形成的组织。

(2) 某个人努力组织的结果，这个个体有强烈的目标追求，通过个人行动宣传他的目标追求并使他人动机得到激发，促成个人的目标变成更多人的目标，进而变为组织的目标。

(3) 现存的母组织派生的子组织，母组织的组织目标在特定的时间和空间上派生出子目标，因而形成子组织。

(4) 由于分裂、反叛或外力干涉而从现存组织中分离的，即原有组织成员因认同的目标不一致，且认识无法融合并达成新的一致的组织目标，而使组织有了不同方向的多个目标，从而分离成多个组织。

4. 组织的限度

组织有效性和效率是组织大小适合度的评价指标,当组织不再有效(效果)或者效率极度下降而失去存在价值时,就达到了组织的限度。

单一(单位)组织的规模通常取决于有效管理所受到的限制,这些限制条件包括如下:

(1)目的的复杂性和技术条件。

(2)信息交流过程的障碍程度。

(3)信息交流必要性的程度。

(4)所涉及的人际关系,即社会条件复杂性程度。

当单一(或单位)组织规模超出组织的限度时,将会产生新组织或者形成复合组织。如果分解出来的一个新的机体能够独立并保证其外部有效性,新组织的产生将势在必行。但在现代社会的大工业组织体系中,由于系统的复杂性使得新的独立机体可能无法保证其外部有效性,在这种情况下,复合组织将是组织的重要形式。

复合组织的产生导致组织之间有了进行协作的需要,由于同一层级的不同组织之间不可避免地在存在资源竞争,组织之间的协调需要更上一层级来完成,因此更进一步产生了多个层级的组织。

组织层级的产生扩展了管理者的职责和角色,为了使复合组织形成一个有机的整体,下一层级管理者必须成为上一层级组织团队中的成员,因此管理者将同时在两个组织(上级组织和下级组织)中开展工作,管理者不仅是自己所管理组织的管理者,同时也是上级组织中的团队成员。另外,除大组织派生小组织的方式外,更多的是小组织经过不断发展形成大组织。

5. 非正式组织

非正式组织概念最早是进行霍桑实验的梅奥提出的。梅奥在现场群体实验中发现,除正式组织外,组织内部存在多个小群体且群体内部自发形成了一些规范,这些群体中的工人为了维护其所在群体的团结,不惜放弃物质利益。"非正式组织"是指在正式的组织中存在着的自发形成的小团体组织,这种组织有自己的特殊规范,对人们的行为起着调节和控制作用。

6. 自组织

"自组织"概念来源于自然科学的系统论。自组织理论[26](self-organization theory)是研究"大量子系统组成的非平衡系统,是从无序到有序或从较低级有序到较高级有序的进化过程。更进一步说,自组织理论揭示了重要一点:在满足一定条件下,各种系统(物理的、化学的、生物的、社会的系统)其内部的大量子系统,都会自行协同动作,自己组织起来,由原先宏观上混乱无序的状态,突变为一种在时间、空间或功能上有序的结构"。由此,企业组织系统作为社会组织的一部分,也满足了"自组织理论"的相关前提,即在某种条件下,如果没有委任管理者,混乱的组织也会从无序变为有序。如在欧洲已经形成的"无管理者工作车间"就是"自组织"的一个典型例子。但是,自组织理论有一个隐含的假设:人的系统与物的系统一样必须是同质的,而这基本上是不可能实现的[27]。所以,这种实体企业组织的自组织状态并不能普遍存在。今天,由于网络媒介的发展,网络速度的加快,在虚拟的世界里人的同质性增加,因此在网络空间中自组织模式更容易形成。

自组织的概念在协同学中也得到广泛应用,哈肯(Haken)在协同学[28]中将"自组织"定义为：如果一个体系在获得空间的、时间的或功能的结构过程中，没有外界的特定干涉，则该体系是自组织的。这个定义比系统学中关于自组织的定义更加宽泛，简单地说：一个能够被相对隔离的体系就是一个自组织系统。如阿米巴模式和合弄制模式。

7. 虚拟组织

企业是营利性组织。由于市场机会与企业实体组织资源匹配的困难，很多时候实体企业组织自身因市场机会中要求的资源缺乏或不足，而无法抓住稍纵即逝的市场机会，在这种情况下，虚拟组织便应运而生。

虚拟组织最早定义[29]为一种运用技术手段把组织中的人员、资产和创意动态地联系在一起的新的组织形式。虚拟组织是随着互联网的发展而产生的，也是随着互联网的发展而壮大的。虚拟组织初期一般是以特定项目、产品和服务为纽带而建立的，但由于其特有的敏捷性、灵活性和动态性，虚拟组织具有强大的生命力。虽然是虚拟的组织，但也是一种比较稳固的关系。虚拟组织更加完善的定义是：虚拟组织是建立在现代信息技术基础上的，为迅速向市场提供产品和服务，或者为完成单个组织不能承担的经营功能，由两个或两个以上各自独立的组织建立起伙伴关系，并将本组织和其他组织的资源、技术和核心能力等集中在一起，在一定的时间内结成具有稳固合作关系的开放式企业组织模式。

正因为虚拟组织具有很多优点，实体组织也越来越多地采用或部分采用虚拟组织模式。耐克公司就是一个典型的虚拟组织，其自身除拥有设计和品牌宣传外，基本都采用外包虚拟的方式。

最近几年新兴的众包虚拟方式则以更加便利、快捷、灵活的方式在全球范围快速整合资源,实现商业目标,尤其是突破了人力资源的限制。实际上,从人力资源使用的角度考虑,只有组织中极少数特别核心的人力资源无法采用虚拟组织形式(见图1-1)。

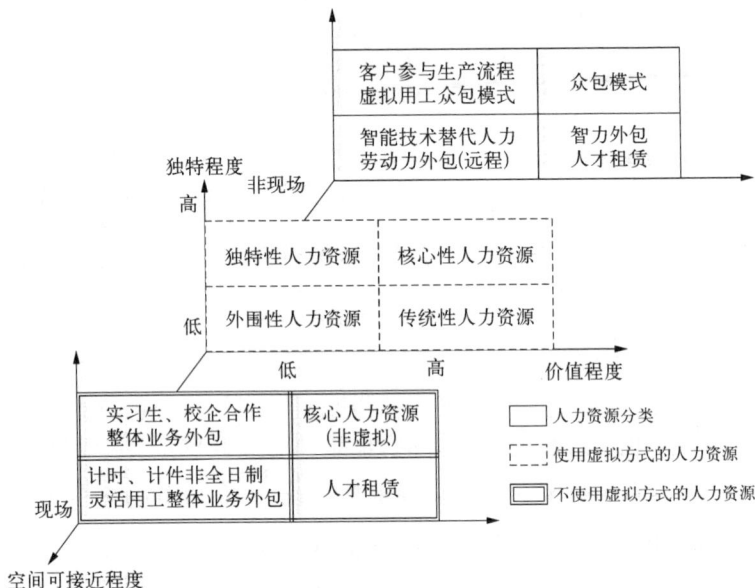

图1-1　企业虚拟人力资源及模式[30]

当然,今天和未来的成功管理者首先就应该具有善于跨越企业边界,利用所有途径寻找各种资源的能力,以达到在实现企业制定的发展目标的同时,获得最高效率的产出,即最小化投入,最大化产出。其次,管理者并不会把被管理对象限制在企业内部,如只对企业全职人员的管理。在管理者眼中,企业被视为高度灵活和形态不断变化的实体,而不是一成不变的僵化结构[31]。这种认识使得实体组织和虚拟组织的概念边界变得模糊。

第六节 管理者的实践逻辑

柯维在《高效能人士的七个习惯》中说道,"以终为始的习惯可适用于各个不同的生活层面"[32]。管理者的实践逻辑思考也应该是这样的,以终为始进行思考。同样,如果在个人生活层面"以终为始的思考聚焦在个人最基本的目的,即人生的最终期许或最终愿景上",那么对管理者而言,组织层面以终为始的思考就应该是对管理的基本目的,即组织的最终期许或最终愿景。

管理是组织中有目的的行为活动,所以管理者的实践逻辑起点就应从组织的最终期许或最终愿景开始。

1. 管理者要树立什么样的目的观

存在是第一位的,存在是发展的前提。组织也一样,要实现组织目标首先要有组织的存在。所以当我们不能明确真正目的的时候,我们可以先排除那些不是我们目的的对象。

依此而论,组织的愿景首先不能以组织消失为代价,管理者作为组织的守护人和发展者,对组织负有的就是确保组织持续存在的责任。

组织的持续存在需要以自我包容和自我支持为基础,但是这还不够。孔茨认为,组织的管理就是为组织创造"盈余"。在经济组织中,"盈余"就是利润。也就是说,组织存在的意义需要超越其自身的存在本身,要获得价值上的增加,企业不仅是经济组织,更是一个营利性组织,所以要使企业组织持续存在,其基本条件不单是财务上的自我包容和支持,更需要创造"利润"这个"盈余"。

那么是否有了利润这个盈余就足够了?

我们知道,组织是社会的细胞,是社会整体系统中的一环,组织的发展与社会的相容性密切相关。按照组织发展进化观的特点,现代组织职能的转变[33]为"强调组织的社会服务职能,要求组织承担一系列的社会责任,……必须平衡自身利益与公众及社会利益的关系,……注重社会整体效益"。因为只有关注了社会整体效益,组织才能为自身创造良好的社会舆论和社会关系,最终推动组织的和谐发展。

对上述论述进行归纳可以看出,管理者的目的就是通过组织管理,创造一个有生态价值的、与社会价值观相容的、可持续发展的组织,也即生态可持续发展观。

2. 需要有怎样的阶段性成果来支撑

千里之行,始于足下。组织的生态可持续发展大目标需要用切切实实的阶段性成果和各项小成果来积累支持,这个"成果"不仅需要支持持续再生产,还需要支持扩大再生产。用孔茨的话来说,这些成果也可以用"盈余"来表达。

将"盈余"进一步细化来看,组织和社会一样,为了持续发展都需要在"物质"和"精神"两个层面推进。一方面物质发展奠定了精神提升的基础;另一方面人类特有的精神力量将促进物质更好的发展,物质与精神相互促进,实现良性循环。所以,为了使企业组织可持续发展并不断壮大,"盈余"除了包含组织在物质财富上的盈余外,也需要包含组织在精神财富上的盈余,即为了实现长期发展目标,需要不断地实现"物质"和"精神"两类盈余。

物质盈余的表达通常采用价值计量法,假定物质盈余用"产品价值增加值"(product value added, PVA)来表示,那么在不考虑客户交换差异的情况下，该盈余将等于在特定时间点、以特定质量水平实现产品交付的价值（realized value when delivered under specific time and quality，V_{DTQ}）减去生产该产品的全部成本（full cost，C），即 $PVA = V_{DTQ} - C$。

那么如何表达"精神"盈余呢？

人类生产本身除了物质因素，精神因素也非常重要，而精神因素与组织发展更加息息相关。研究发现，士气因素（morale, M）是组织精神盈余的有效反映，士气能预测组织中人的主观能动性，而主观能动性不仅是效率水平的重要指标，而且也是创造性水平的重要指标。

士气研究发现，员工士气的结构维度上最重要的三个指标是组织承诺认同，工作投入和团队精神，这是从士气的本质和内涵来界定的。因为"士气"是"一个群体的成员从事组织规定活动的积极性和持久性"[34]，是"驱使战斗群体中的成员投入战斗的心理力量"[35]，是团队"动机和能量的反映"[36]。当然，士气不是虚无缥缈的，从根本上讲，它来源于团队成员对于个人需求（包括马斯洛需求理论的五个层次，但更主要的是高级需求）的一种满足（满意或者超越预期）状态，也是在不同组织的对比中组织成员处于更有利状态的一种反映。更加理想化的组织应该是组织目标与个人目标高度一致的企业，由于员工能够在组织承诺、工作投入、团队精神三方面竭尽全力，实现目标时不仅能使组织成长，员工也能在工作中得到极度的满足感，从而有很高的组织认同感。士气的量化表达方式可以简化为

$$MOE = f(W, I, C)$$

其中：MOE——moral of organizational employees，组织中员工的士气；W——commitment（willingness level），组织承诺；I——involvement，工作投入；C——cooperation，团队精神。即士气是

组织承诺认同(或意愿)、对工作的投入度和团队之间合作水平(团队精神)的函数。

士气不仅与组织目标相关,也与组织管理的过程密切相关,管理过程包括管理方式、领导行为、工作内容、工作气氛和工作条件五大方面[37]。

3. 管理者的管理工具和方法

无论是物质的成果还是精神的成果,与以地理分割的国家疆域相比,由于不存在资源的"专有性"和供给的"唯一性",企业管理无法如老子治国之策所言,通过"自然而然"和"无为而治"达成目标,而是需要通过一定的手段,整合资源,建立流程,以提升效率,使整个管理过程得到持续发展。由于管理是需要他人共同参与进行的有组织的生产活动过程,也就是群体作战,所以管理者必须使自己的管理措施得到全体被管理者的熟悉、认同,从而贯彻,因此必须具有能够促成被管理者达成共识的有效管理工具和方法。

管理的工具和方法分类有很多,可以按照管理内容来进行划分,如时间管理、变革管理、流程管理、文化管理、沟通管理、研发管理、行政管理、财务管理、信息管理和营销管理等;也可以按照工作流程来进行划分,如战略规划管理、研发与创新管理、产品设计管理、预算管理、目标管理、生产施工管理、物流供应链管理、质量控制管理、销售服务管理和绩效评估管理等;还可以按照组织职能来划分,如采购管理、人力资源管理、信息管理、工程管理、安全管理、财务管理、后勤管理、设备管理、标准管理等;或者可以按照项目推进来分类,如项目启动管理、项目规划管理、项目执行管理、项目变更与控制管理,等等,不一而论。

管理工具和方法分类已如此之多,更不用说去列举具体的工具和方法了。因此,作为管理者一定希望能掌握一些在不同的管理内容、管理场景和行业中具有通用性的管理方法;换句话说,就是掌握管理的核心工具和方法。另外,作为管理科学的一部分,还需要在实现有效果管理的同时,找到一些能够提高管理效率的方法和工具以及可持续改进的管理方法和工具。

4. 管理者的管理理念

弗朗西斯·培根在《习惯论》中论述道:"思想是行动的先导和动力……思想决定行为,行为决定习惯,习惯决定性格,性格决定命运。"美国心理学家和哲学家威廉·詹姆斯也有类似的表述:"人的思想是万物之因。你播种一种观念,就收获一种行为;你播种一种行为,就收获一种习惯;你播种一种习惯,就收获一种性格;你播种一种性格,就收获一种命运"。可见,理念和思想对人的行为影响具有决定性的意义。

前面讲到管理方法和工具,实际上,每一种管理的方法和工具都来自一个特定的理念,也是一个或一组特定理念的体现方式,并且是将该理念在具体行为上进行表现的载体。正因为"思想和理念"对于行为具有巨大的影响力,因此在推动管理工作时需要理念先行。人是"理性"的动物,只有当理念得到人们"理性"的赞同并予以接受时,管理理念才能贯彻在行动中。"理念"是理性的观念和概念系统,本身包含着对问题的看法以及看法背后的假设,因此理念系统其实就是世界观、人生观和价值观系统的一部分,表现的是你坚持什么、反对什么、赞成什么、否定什么,或者选择哪条道路、选择哪种方法的理由。

理念对行为的影响,是通过人的心理发挥作用的。理念通过认知系统进行识别、分析、比较,在接受的全过程中进行内化,最终对其心理状态产生影响,并作为动力施加到行为中。人的生物性特征使得那部分能够与"个人取向"和"自我需要"相符合的理念易于接受和内化,而对于另一部分与"个人取向"和"自我需求"不符,与"社会需求"(超个人取向)相符合的理念,则更难以接受和内化。自然,处在最有利位置的是那些既符合"自我需要",又符合"社会需要"的理念,这也是管理者在企业发展中要着力挖掘的方面,因为符合"一致性需要"的理念不仅能带来良好的动力,也能带来良好的效果。

5. "管理者的实践逻辑"结构概览

图1-2给出了关于管理者是如何思考的一幅逻辑图。管理者在组织的土壤上,从组织的发展目标出发,以终为始,倒推路径,从目标延伸到支持目标需要哪些成果,从需要达成的成果反思管理方法,然后找出一切的起点,进而形成自己的全套管理思路。

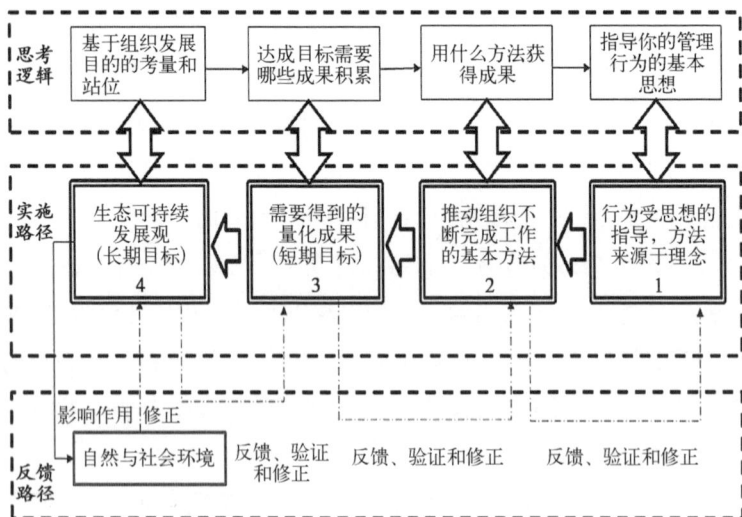

图1-2 管理者的逻辑结构概览

同时,管理者的管理实践与管理结果之间既有必然性,又有偶然性。因此管理者在推动管理工作落地的道路上,还需要不断地进行反馈、验证和修正,以使管理能够取得扎扎实实的实效。

参考文献

［1］辞海编辑委员会.辞海(1989 年版的缩印本)［S］.上海：上海辞书出版社,1990.

［2］刘人怀.现代管理的中国实践［M］.北京：科学出版社,2016.

［3］SMITH A. Wealth of Nations［M］. New York：Meralibri, 2007.

［4］泰勒.科学管理原理［M］.北京：中国社会科学出版社,1984.

［5］法约尔.工业管理与一般管理［M］.北京：中国社会科学出版社,1982.

［6］关力.韦伯和他的行政组织理论［J］.管理现代化,1987(01).

［7］曾鲲,程建华.人性假设的进化轨迹［J］.企业改革与管理,2004(08).

［8］罗海元,方振邦.管理思想百年脉络［J］.政府管理评论,2017.

［9］赵晓康,杨宇弘,袁慧婷.新常态下的东方管理理论思维与实践创新［J］.管理世界,2016(07).

［10］孔茨,韦里克.管理学精要［M］.北京：机械工业出版社,2005.

［11］卡斯特,等.组织与管理：系统方法与权变方法［M］.北京：中国社会科学出版社,2000.

［12］德鲁克.管理的实践［M］.北京：机械工业出版社,2006.

［13］德鲁克.管理——任务、责任、实践(上)［M］.北京：中国社会科学出版社,1987.

［14］邵明路.德鲁克：管理的本质是激发善意［J］.企业研究,2015(10).

［15］西蒙.管理行为［M］.北京：北京经济学院出版社,1988.

［16］罗宾斯,库尔特.管理学(第七版)［M］.北京：中国人民大学出版社,2004.

［17］周三多.管理学［M］.北京：高等教育出版社,2010.

［18］郑明身.企业经营管理概论［M］.北京：中国城市出版社,2001.

［19］陈春花.五问管理是什么?［J］.中外管理,2006(02).

［20］刘人怀.现代管理的中国实践［M］.北京：科学出版社,2016.

［21］明茨伯格.明茨伯格论管理［M］.北京：中国劳动社会保障出版社,2004.

［22］明茨伯格.管理工作的本质［M］.北京：中国人民大学出版社,2007.

[23] 德鲁克.卓有成效的管理者[M].北京：机械工业出版社,2005.

[24] 梅奥.工业文明的人类问题[M].北京：电子工业出版社,2013.

[25] 王国元.组织行为与组织管理[M].北京：中国统计出版社,2004.

[26] 胡皓,楼慧心.从哲学看自组织理论的进化思想[J].浙江大学学报(社会科学版),1987(01).

[27] 徐全军.企业理论新探：企业自组织理论[J].南开管理评论,2003(03).

[28] 哈肯.信息与自组织[M].成都：四川教育出版社,1988.

[29] 秦国静,魏丽坤.虚拟组织对员工创造力的影响研究：概述与展望[J].浙江理工大学学报(社会科学版),2017,38(05).

[30] 刘成.虚拟人力资源运用框架再构建[J].中国劳动,2016(15).

[31] 布德罗,杰苏萨森,克里尔曼.未来的工作：传统雇佣时代的结束[M].北京：机械工业出版社,2016.

[32] 柯维.高效能人士的七个习惯[M].北京：中国青年出版社,2011.

[33] 杨家骠.组织行为面临的挑战及组织行为研究趋势[J].上海大学学报(社会科学版),2010,17(04).

[34] 赵晓玲,张晓林,李国泰.赛中有赛——体育士气研究[J].体育文化导刊,2008(04).

[35] 黄瑛,冯妍,裴立芳.员工士气理论的研究述评[J].中国管理信息化,2015,18(04).

[36] 颜志龙.军队士气之研究与测量工具之发展[J].应用心理研究,1999(01).

[37] 黄培伦,林山.员工激励的士气诊断与对策[J].科技管理研究,2005(12).

第二章

管理思想和管理理念

思想决定行为,行为决定习惯,习惯决定性格,性格决定命运。

——弗朗西斯·培根

第一节 关于企业管理理念的发展

在第一章讨论的基础上,我们有了一个概括性的观点:管理是在特定环境下,对组织(两个或两个以上的个人为了实现共同的目标而结合起来协调行动的有机整体)所拥有的资源,以善意的、人性化的方式,进行有效(效率和效果)的计划、组织、领导和控制,通过别人或与其他人一起共同努力完成工作,达到既定的组织目标的过程。也就是说,管理通过一个有计划的行动过程来实现目标,这个行动过程不仅是大家共同参与的,而且是需要付出努力的,甚至是需要长期奋斗的,因此管理者的坚持至关重要,这个坚持行动不放弃的理由就是我们说的"理念"。

"理念"(idea,也译为"思想①"或者"观念")一词来自希腊文,柏拉图最早把它变成了一个专门的哲学术语系。"理念"是超越于个别事物之外并且作为其存在之根据的实在,是从苏格拉底关于"是什么"的定义而来的,"理念具有多种不同的含义,它既是对事物的性质起决定作用的内在形式,又是逻辑上所讲的种概念,还是创造一件物品所根据的原型、本原和原因……内含了人类理性的认知、建构和价值三大功能"[1]。管理要实现的目标也是我们开展管理的本原、原因或者出发点,如果按人本主义管理思想再进行深化,管理除了实现管理的价值目标外,人在管理过程中所处的地位和人的发展也是我们企业管理的目的所要定义的范围。综合而言,对企业管理的目的是什么,如何开展企业管理,以及为谁服务

---

① 中文"理念"与"思想"概念略有区别,中文"思想"是思维的结果或认知的心理历程,而"理念"的意思是由思考或推理而得的概念,侧重于思想结果。

和如何服务的问题是管理思想和理念需要回答的基本问题。

早期的企业管理理念主要是生产观念,企业需要有产品来满足市场,受技术和生产工具发展的限制,早期社会生产力比较低下,所以企业需要优先解决的是生产的问题。在生产发展的基础上,有了生产能力,接下来要解决的就是企业能否持续生存以服务市场的需要问题,其基础或者说关键点是要解决企业的生存问题,即企业能否进入良性自我循环,不断发展壮大。这其中,利润就是实现企业不断壮大的关键所在,利润或利润最大化理念因而产生并强化。有了利润的存在,作为逐利性的资本自然就会奔涌向前、大量投入,快速形成巨大的生产能力。在这种状态下,要实现更大的利润就需要考虑竞争性的策略,竞争因素变成了企业管理的成败关键,关于企业目的的定义也演变成"更好地赢得竞争",即竞争理念。再者,当竞争愈演愈烈,在产品和价格层面的竞争难以差异化以后,服务的观念自然形成,企业管理不仅覆盖生产和销售的环节,而且是向整个价值链扩展。特别是当柔性化生产技术不断成熟,个性化定制时代不期而至之时,服务从生产开始之前切入,且服务不再是按照群体来定义,而是按照具体的客户个性来定义,为的是一站式全面满足客户个性化需求,因此客户(创造客户)理念逐步形成。

关于如何开展企业管理的观念,则是从对作为创造剩余价值的唯一生产要素"人"的认识不断演进的。早期的企业管理是把"人"当作与"物"完全等同的生产要素之一来进行管理的,可以说作为被管理对象的企业(工厂)工人,是企业中的"工具人"。随着企业的发展、竞争的加剧,工人的流失开始大量出现,企业为了实现持续和扩大再生产,不得不采取更加有力的管理手段,其中经济刺激被发现是最为直接和有效的方法,因此企业管理方法主要基于"经济人"(或"理性人")来设计和进化。20世纪,随着自由、民主、平等的民权思想发展与传播,除了物质生活条件的改善,求得社会认同、获得社会地位成为人们更加广泛的追求,企业管理的逻辑也从"经济人"假设向"社会人"的观点转变。进入21世纪,信息技术的发展一日千里,企业发展与信息技术一样,以摩尔定律的短周期、指数型演进,快速变化成为这个世界的主基调,企业管理也需要适应这种快速发展,企业和企业员工拥有的知识能力需要快速迭代,因此"知识人"的理念得到深化。

　　关于为谁服务和如何服务的理念问题,在资本主义的早期,企业管理采取"无情剥削,残酷压迫"的"高压管治"方法进行管理,实质上是工人为工厂主服务,目标是获取超额利润;同样,在市场交易中,由于商品短缺,企业处于主导地位,本应该得到良好服务的消费者和顾客并没有被平等看待,往往还要承受商家坐地起价的高价盘剥,或者承受强买强卖的苦果。在科学主义管理阶段,企业生产力得到快速发展,企业内外竞争开始加剧。对内,企业采取泛"经济主义"及"行为主义"的管理思路,通过"胡萝卜"加"大棒"的管理方式增强"刺激",实现更加高效的内部管理;对外,采取更多的"诱导和强化措施"影响消费者取向,将"自私自利"的人性欲望发挥到最大化,把"人"等同"动物"。只有当社会中充满了知识与人文精神,每一个个体都得到尊重,人的主体地位和价值在管理关系中得到凸显时,劳动者才能通过社会协作和相互间沟通交流产生新观点、新方法,用集体的智慧提高企业的创新能力。工作既能为企业创造价值,同时也成为员工的一种享受,成为员工发展自我、实现自我价值的地方。与此同时,企业通过以顾客需求为导向,以为用户创造价值为核心,向消费者提供知识含量高、个性化的产品,更好地适应消费者的需求,满足消费者人文的、多样化的消费情怀,真正实现"以客为尊、以客户为中心"的初衷。

概括而言,理念来源于实践探索,但"理念是脱离和先于可感个体事物的客观实在,是万物追求的目标和赖以产生的动因"。所以管理理念先于管理方法形成,且管理理念决定着管理目标和管理动因,并通过管理方法的运用决定着管理的成效。管理理念非常广泛,管理理念的形成和运用突出表现了管理者的自我意识。

本章在众多管理理念中,将选取影响最大、作用最关键的几个管理理念来进行解读,分别是"客户理念""价值理念""风险理念"和"改善理念"。

第二节　客户理念

美国著名管理学家彼得·德鲁克的经典名言是"企业的唯一目的是创造客户"。而曾任北欧航空公司总裁的卡尔松[2]则认为"创造顾客比创造利润更重要"。客户是企业的服务对象,更是企业的衣食父母,如果没有客户,企业的产品就无法进行交换,商品价值就无法实现,更不用谈企业的收入和利润。因此"一切为了客户"和"一切为了利润"在充满竞争的市场经济中实质上是没有区别的①,一切为了客户,服务好客户,最终能获取利润;同样,为了实现持续盈利,获取利润,企业在竞争的市场中也必须不断加大服务投入,赢得客户满意,才能吸引更多的客户,所以利润与客户的关系是一个循环中的两个端点(见图2-1),如果运用得当,则实现

---

① 单一垄断性市场,或是公共必需品供给者,为了达成公众满意,也需要树立客户意识,否则公众矛盾积累到一定水平,公众将通过法律的或者行政的手段进行对抗。

良性循环。反之,如果没有正确处理好获取利润与提供服务的关系,则可能陷企业于困境,使企业无法生存。

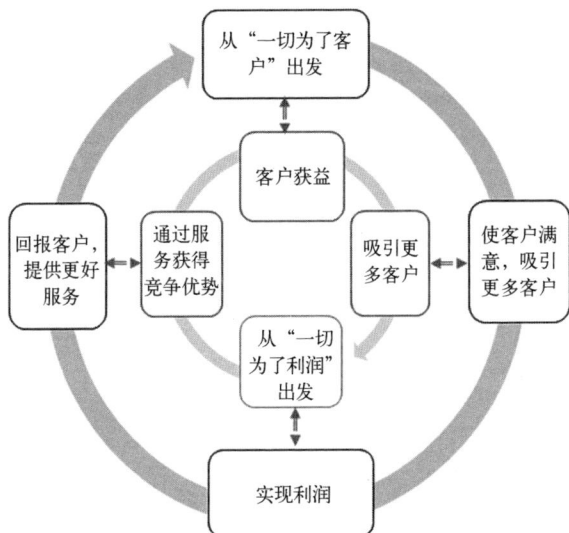

图 2－1 利润与客户的关系

当然,企业是经济性组织,是经济绩效的主要源泉。德鲁克强调:要取得经济绩效,就必须有一家企业[3]。但这丝毫不会减少客户的重要性,因为"顾客是企业的基石,是企业存活的命脉,只有顾客才能创造就业机会。社会将能创造财富的资源托付给企业,也是为了满足客户需求"。相比而言,"利润不是企业和企业活动的目的,(只)是企业经营的限制性因素。利润不能解释所有的企业活动与决策的原因,而是检验企业效能的指标。企业获取利润的目的是应对经济活动的风险,避免亏损","利润充其量只是衡量企业付出的努力有多少净收益,利润弥补继续维持事业的成本的'风险溢价',利润直接以自我集资的手段,从留存的积累中提取资金,或是间接地通过提供诱因,以最适合公司目标的形式吸引新的外部资金,保障未来用于创新和发展的资金的供应"。因此,客户比利润更重要。

1. 客户概念

客户是在商品交易中发展出来的名词。狭义的客户是指与企业往来交易的另一方,或与本企业(本商户)交易的对等方。按照"内外有别""以客为尊"的中国传统,我们尊称对方为"客";由《说文》解释中"半门为户""门从二户"(门户均为象形词)所言,即"一扇曰户,两扇曰门",而做生意至少需要两方,因自己的一方称为"主户"(自己半边),故对等另一方称"客户"(即对面另半边);或者用"门当户对"来解释,"一门好事(交易是好事)是两(一对)户合起来实现的结果"(后来在中国传统建筑的大门前出现了"门当"与"户对")。

今天,客户定义更加广义,不仅包含商业交易客户的范畴,还包括更多的类型或群体。如购买最终产品与服务的使用者(个人或家庭,即零售客户),准备将你的产品、服务进行转售或合并到自己产品、服务中进行交易的中间交易商(企业客户、集团客户、"企业对企业"客户),以及企业内部产品和服务生产流程中的合作方(流程上下游),即内部客户等。

2. "客户理念"的源流

"客户理念"即指"以客户为中心理念"。它源于市场营销观念,是继产品推销观念、市场营销观念、社会营销观念之后的一种全新营销理念,也是继从"以生产为中心"[采用的是 4P 营销策略,即产品(product)、价格(price)、渠道(place)、促销(promotion)]向"以市场为中心"[或者称为"需求中心论",即以"市场需求"为导向,采用的是 4C 组合营销方法,即顾客(customer)、成本(cost)、便利(convenience)、沟通(communication)]转移之后的一次新的"重心"转移。"以客户为中心"是市场营销观念的"市场中心论"的发展提升和操作具体化,其营销方式也从 4P(也有将"权力,power"及"公共关系,public relation"包含在内的 6P 概念)、4C 发展到 4V[差异化(variation)、功能化(versatility)、附加价值(value)、共鸣(vibration)的营销组合理论[4]]、4R 和客户关系管理(customer relationship management,CRM)方法等。

以"客户为中心"的 4V 方法重点强调"差异化",即不同市场之间存在差异,它把顾客以不同群体来进行划分开展相应的营销。

而"以客户为中心"的 4R 方法与 CRM 方法则更加强调信息时代的"个性化"。4R 营销理论是美国学者舒尔兹(Don. E. Schultz)提出的,是指市场反应(reaction)、顾客关联(relativity)、关系营销(relationship)、利益回报(retribution)[5]。4R 营销理念要求采取整合营销策略,快速响应市场,实现企业营销个性化和优势化,在竞争中获得发展先机。CRM,即客户关系管理则已经超越了营销的概念,转变为企业"以客户为中心"的经营策略。它以信息技术为手段,重新设计业务功能,并重组工作流程,以达到留住老客户、吸引新客户和使客户资源价值最大化的目的[6]。

3. 为什么要倡导"客户理念"

客户理念是商品经济和市场发展的产物,倡导"客户理念"的原因可以归纳为三点:

一是客户定义了需求,"无需求就无生产"。一方面,在生产技术和商品经济高度发达的今天,明确清晰的产品和服务需求基本都能快速得到生产和满足,商品摆脱"短缺"变得"充裕",因此商品交易是否能够进行,主要看需求侧是否有需要,客户是需求侧的主体,因此客户定义需求;另一方面,生产要素的流动性随着信息透明度的加大而加快,资本比以前任何时候更能够对资源进行有效的配置,不能达成交易的生产不会有资本投入,因此也不会开始生产,即"无需求就无生产",这是告别"短缺经济",走上"充裕经济"的必然要求。

二是客户定义了产品和质量。有时即便有需求,市场也不一定能够成交,为什么?重要的一点是供需的匹配问题。虽然供方有这个类型的产品,但是并不是客户真正需要的准确的产品。随着社会的发展,"大众化"的需求转变为"个性化"的需求。"个性化"就存在"特殊差异",差异既可能出现在商品的品种、类别、功能上,也可能是在商品的质量上要求不同。客户的需求差异归结到底就是产品品种、类别上的不同或者对产品质量要求水平的不同。商品价格有差异、消费档次不同,最终也归结到商品的品种、类别与质量的不同。同样,推进"供给侧改革"的目标也是通过差异化不同商品品种、类别和质量水平去匹配消费者的个性化需求(在大批量生产阶段,我们主要采取引领和强化潮流,在供给侧方面做文章),极致的个性化包括客户定制、客户参与生产流程和消费。

三是客户推动企业持续发展。生产和产品的多元化出现的本质原因是客户多样化的需求,正因为客户不断有新需求,企业在满足客户需求的过程中才有创新的动力,才使得我们的社会不断进步。

归根到底,为什么要推崇"客户理念",也可以归结为一条:企业赚取的利润都是来自客户的。就像华为公司文件中说的非常直白的话[7]:"我们赚了客户的钱,就要努力为客户服务,进一步提高服务质量,客户就不会抛弃我们"。

4. 如何推动和落地"客户理念"

理念落地需要行动支持。理念是观点,是一种愿望和期望,为了实现这种愿望和期望,需要我们采取相应的行动。

一是真正倾听客户的声音。20世纪80年代提出的4C营销理念已经把关注客户、关注沟通放到重要的位置,但在手段上由于受技术的限制还无法大面积覆盖客户和进行广泛沟通。当今快捷高效的信息平台几乎能够有效地收集所有的客户资料并进行分析,也能与客户一对一地沟通,还可以将客户关注的信息快速反馈。

二是精确匹配。技术的发展使得今天的生产与服务更加融为一体,由于敏捷制造的出现,市场细分的颗粒度更加微化。企业不只是关注群组性偏好,更关注分散性偏好,目标是逐步照顾到每一位顾客的细小差异,往往越小的客户群,其客户价值越高,对市场的精准满足能够为企业带来高附加值回报。

三是调整服务策略,改进服务体验。与关注产品本身相比,现在的顾客群更加关注体验,即需求个性瞬间化、感觉化。市场营销工作转变成服务营销工作,即以服务沟通为手段,将销售与服务融为一体,贴身为客户定制全套个性化解决方案;客户参与和确认需求方案信息,然后通过移动电子商务系统回传,采用大规模合作性定制生产和敏捷制造等手段同步完成生产,在满足客户需要的同时获得高满意度。

四是通过融入客户场景引领和深化客户研究,推动产品和服务不断创新。需求来自客户,但客户不是专家。通过深度融入客户场景,与客户共同经历过程,发现客户需求并共同设计解决方案,这是对"客户理念"的更好诠释。

五是与客户建立更强关联,将"客户"转变为"用户"。"客户"概念主要聚焦在一次性消费行为,而"用户"概念强调用户的黏性,持续保留客户,使客户价值最大化。随着虚拟经济的快速发展,用户地位在网络领域的不断提高,用户黏性越来越重要,而通过用户参与及用户互动可以很好地增强黏性,增强用户使用认知和情感,形成持续使用行为,延长使用时间。

5. 将客户理念落地

理念需要用行动来支持,能够使行动保持持久则需要固化的工具。为促进"客户理念"真正落地,此处推荐两个工具。

(1)质量功能展开图(quality function deployment,QFD)和顾客之声(VOC)。质量功能展开图(见图 2-2)是一种用于听取

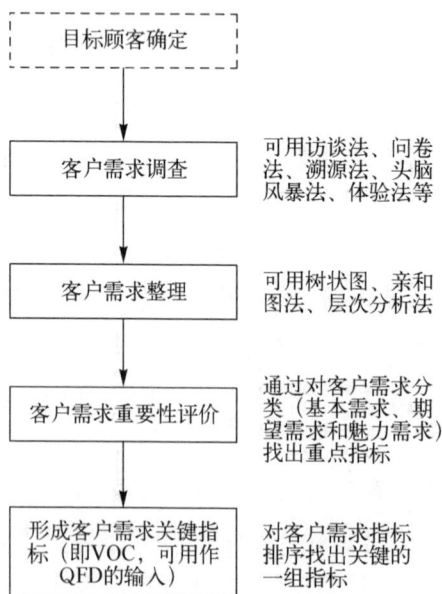

图 2-2 客户需求的确定

顾客声音的系统化方法,能将顾客的愿望(需求)转换成企业用于开展产品设计、安排生产计划和按需制造等各阶段的具体技术要求,达到缩短开发周期、提高质量、降低成本的目的。质量功能展开图是需求调研的工具,更是设计和制造领域理念的一种变革,它将传统的"设计—试制—调整"流程转换为"面向市场的深度需求研究—符合客户需求的设计—客户满意使用—推广和传播"这样一个具有系统化思维的现代设计和开发过程,是顾客驱动或者说市场驱动的产品开发方法。

质量功能展开图参考和整合了包括产品策划工具、质量控制工具在内的多种管理方法,整合后的质量功能展开图是一个类似于"屋型"的质量展开图,简称"质量屋工具"。

完整的质量功能图能表达和反映七个方面的信息(见图2-3):一是顾客需求及其重要程度信息;二是包括设计要求或质量特性在内的工程措施信息;三是工程措施相关指标的重要程度;四是与市场相关的市场竞争力评估信息;五是技术竞争力的评估信息;六是指标之间的关系信息;七是由相关指标形成的关系矩阵信息。

顾客之声(voice-of-customer,VOC;或者 voice-of-business,VOB)是质量功能展开图的一个重要功能,它扮演的是整个质量功能展开图的输入信息部分,采集和获取有关客户的各种需求,使设计和生产活动能够围绕客户展开,因此可以很客观地说,没有顾客之声也就无所谓生产和质量。顾客之声反映的是各个客户希望表达的需要和愿望,因此也经常用"客户需求"来替代。

客户需求可以通过访谈法、问卷法、溯源法、头脑风暴法、体验法等进行收集,然后通过整理(可用树状图、亲和图法、层次分析法等)归类后得到一组需求及客户认为的重要性程度指标,作为质量功能展开图的输入。而在质量功能展开图中,则可通过综合分析

(a)

(b)

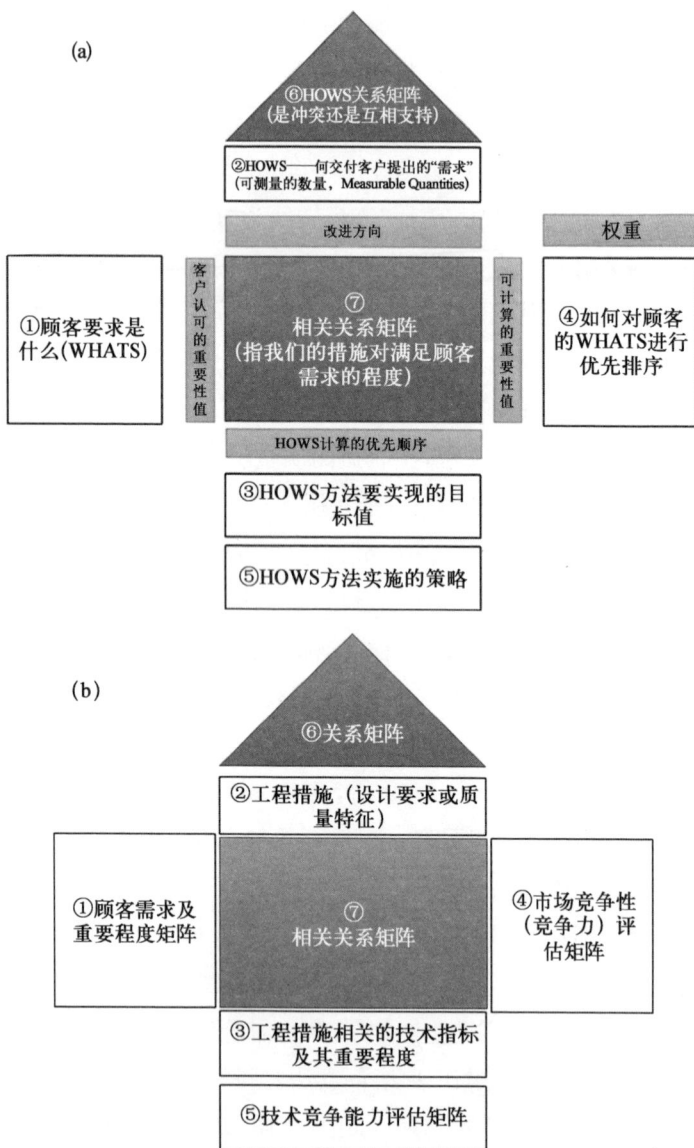

图 2-3 质量屋模型及意义

(a) 详细图；(b) 简化图

最后确定客户需求能够有效满足。

　　QFD应用举例：图2-4为比萨饼技术指标与客户需求的展开图。

图2-4　比萨饼技术指标与客户需求的展开图

　　（2）商业画布之客户工具图。要促成企业持续的成功，就要将客户的成功作为企业成功的基点。因此要了解客户需求，不是简单地询问客户需要什么、不需要什么，而是必须深入客户，与客户共同研究客户或客户企业自身（指如果这项业务为"企业对企业"类型时，客户就是一个目标企业，这种客户也经常用"企业客户"来称呼），你必须比客户更懂他们自己。

　　图2-5为奥斯特瓦德等[8]在《价值主张设计》一书中提出的客户需求调查方法图。

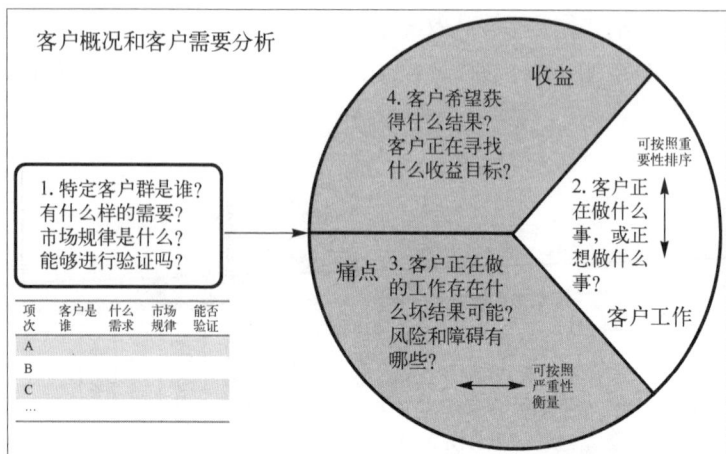

图 2-5　商业画布呈现的客户需求调查方法

(本图摘自由机械工业出版社出版的奥斯特瓦德等的《价值主张设计》一书第 9 页,有调整。)

此图以更加结构化的方法,对客户进行全景描述。

第一步,找出在你的商业模式中,你瞄准的特定客户是谁,并对市场进行回顾和预测,掌握市场的演进过程和趋势,寻求更加前瞻地为客户提供服务。

第二步,站在客户的角度,以客户自身的语言描述他们工作和生活中正试图做的事情、正在解决的问题和尽最大努力需要满足的要求,这些工作内容包括功能性工作、社会性工作、个人或情感工作、支持性工作以及这些工作中存在的约束和限制,尽力以一个整体性的客户概念全景展现客户的需求(各种需求之间存在有机联系,有些需求单独看可能与你企业的产品和服务无关,但联系起来看可能是存在机会的),并对各项工作的重要性进行排序。

第三步,找客户的痛点。了解会妨碍客户完成工作的原因所在,或者其在工作过程中可能遇到的风险和潜在的、消耗其能量的事。痛点包括三类,分别为:不想要的结果和问题(包括问题和特征）、工作障碍（工作过程中的难处、能量消耗点、关键路线上的关键节点）、工作风险（容易出错误和容易反转结果的地方）。

第四步，寻找客户的愿望。客户愿望可以是客户收益、客户需要的或者潜在需要的，客户愿望给我们为客户服务带来机会。客户愿望包括必需收益（希望某产品和服务必须具备某些特点和功能）、期望收益（虽然不是很关键，但会影响整体性收益）、超级收益（类似特别酷炫的功能，梦想中的样子，使用户能为之发狂和欣喜的特点）类。

通过对上述客户需求的四步骤分析，我们可以对客户需求的形成原因、形成逻辑和期望结果有更好的把握。

另外，根据企业与客户的关系不同，企业需求的调查重点也不同，至少有三类不同的客户。

第一种类型客户称为支持型服务客户。客户对自己需要什么产品和服务非常清晰，企业所要做的是倾听客户的声音，满足客户的需求，并做好支持工作。这一类客户的需求市场机会比较普遍。

第二种类型客户称为合作型服务客户。这些客户只部分知道（或模模糊糊地知道）自己需要什么，他最能感受到的是目前出现的问题，因此企业所要做的是深挖客户的业务痛点，以解决客户难题为目标满足客户需求。比如，海尔集团通过发现四川农民用洗衣机洗地瓜导致洗衣机故障的问题，从而成功地开发出能专门洗地瓜的洗衣机。

第三种客户类型称为引领型服务客户。这些客户并不清楚自己需要什么，而是以其个人的敏感性能感知某些将发生的变化，所以企业要做的是帮助客户洞见未来趋势，引爆客户焦点。苹果在10年前敏感地洞察到市场小型化、集成化的发展趋势，由此开发了 IPod、IPad、IPhone 等 I 系列产品，这就是一个通过洞察趋势发现新的价值主张,从而引领市场的经典案例。

6. 客户理念与"唯客户"论

"客户理念"强调客户导向,那么是否客户的需要都应该得到满足呢?

由于产品和服务的交付有时间的延续性,或者由于客户黏性的存在,客户服务是一个连续体。但需要注意的是,客户创造不是一个线性连续体,因为企业是有边界的,即便是通过虚拟组织的方式形成更大的联合体,每个企业仍然是有边界的。特别是在新技术蓬勃发展的今天,颠覆性创新不再是"黑天鹅"事件,"跨界打劫"成为常态,我们需要思考的是:持续满足目前客户提出的需求?还是集中优势兵力开拓另一片蓝海,来创造新的客户?

客户服务能力还与价值创造能力及突破性创新能力有关。杰出的管理学者,哈佛商学院的工商管理教授克里斯坦森(Clayton Christensen)在研究中发现,"许多优秀的企业——曾经被人们崇拜并竭力效仿,最终却在市场和技术发生突破性变化时,丧失了行业领先地位,而导致这些优秀的企业衰败的决策都是它们还在被普遍视为世界上最好的企业时做出的,良好的管理恰恰是导致这些企业衰败的原因"[9]。一个企业从本质上说无法满足客户的持续性需求,因此不要在"客户中心理念"的大旗下试图对所有的客户需求说"Yes"。否则,企业将被顾客的意志所左右,只投资那些有明显的顾客需求、看上去能够保证最佳回报的创新技术,而无法应对随之而来的突破性创新。

这可能是精准的"客户中心主义"或者"唯客户论"带来的灾难。大市场本身是一个"混沌系统",具有复杂的动力学特征,而企业的外部性决定了:无论企业的触须有多长,它只是整个混沌系统中的一个因子,不可能对整个混沌系统(市场)有精准的运算。所以,不要陷入客户中心("唯客户论")的极端,使"悖论"变成现实,也不要让"客户理念"反过来给企业和客户带来灾难。

第三节 价值理念

商品的交换是由于商品存在价值和使用价值,而交换使产生价值的劳动社会化。由于特定商品的交换存在随机性,因而交换价值也是一个随机变量,但在整个社会层面,交换价值是相对稳定的。它是以商品的价值和使用价值为基础,以社会必要劳动时间的多少作为考量,在供需关系平衡基础上形成的、某个确定范围内的期望值。交换价值(或者说价格)与价值之间存在正相关,本身价值越大,交换价值越高,即价格越高。

企业不仅是市场经济的参与者,更是商品生产的组织者。企业除了通过组织资源和运用技术把劳动价值转移固化到商品中以外,企业管理本身也会产生价值的增值。

从经济利益角度来看,企业的目标或者说使命就是为客户创造价值,为公司创造价值。为客户创造价值才能赢得客户,使企业得以生存和发展;为公司创造价值,资本才会获得增值。在以市场为决定性力量的商品社会里,为客户创造价值和为公司创造价值本质上是协调一致的,只有当我们全心全意为客户创造价值时,才能为公司创造价值,进而为自己创造财富。

企业的竞争力反映在企业创造价值的能力上,企业创造价值的能力主要取决于其资源配置能力和活动安排能力。由于不同企业生产的同一种商品(忽略品质和品牌差异)价格不取决于单个企业生产产品的劳动量和消耗的资源量,而是取决于在商品中包含的平均社会劳动量和平均资源耗损,所以当价格确定的情况下,企业盈利水平(也就是创造价值的能力)主要取决于企业生产该产品的成本(单件成本包含劳动量与资源耗损)与社会生产中平均成本的差额。在同等价值产品中消耗的资源越少(资源转化效率越高)、劳动效率越高,则同等价格交换(销售)的获利空间越大;或者当投入资源相同时,企业的盈利水平(创造价值的能力)主要取决于其商品满足客户需求效用的程度,效用越大,价值越大,定价越高。

1. 价值与价值理论

价值概念有多方面的含义。价值通常表达的是价格之意,价值也指积极作用,以及人根据自身的需要、意愿、兴趣或目的对与他生活相关的对象物赋予的某种好或不好、有利或不利、可行或不可行的特征,指涉值得我们选择、追求、保存的性质,或具有这种性质的事与物,以及事与物具有的作用和意义[10],这与英文中"value"和"worth"的表达相当。价值概念引申到不同领域,其意义也不同。在哲学中,价值概念表达的是终极性追求;在西方古典经济学中,价值则是消费者对效用的主观评价;在财务理论中,价值通常是指企业在资本市场上的市值;在马克思主义政治经济学中,价值反映的是一般劳动的凝聚,是商品交易的基础[11]。在社会学中,价值是在和别人的需要发生联系以后,才能获得的自己真实的外观评价,用马克思的话[12]说,"价值,这个普通的概念是从人们对待满足他们需要的关系中产生的";用在体验经济中,价值则是满足人们需要的一种实际感受,是随着个体不同、时间不同而有差异的变量。

价值理论是经济学的基本理论。经济学中的价值始于对物物交换形态的研究和分析,主要回答的是"什么原因致使两种物品能够进行交换的问题"。与此问题相关的理论被称为"价值理论",或者说就是"价值起源与反映的理论"。价值理论有三种不同论断[13],可分别表述为"价值的起源或定义归结为劳动",即价值是劳动的产物(如马克思的"劳动价值论");"价值的起源和意义归结为效用",即价值是效用的反映(如萨伊的"效用价值论");"价值的起源或定义归结为稀少性",即价值是供需相对关系的表达(如布拉马基的"稀少性价值论")。

如果把这三种价值理论做个小结,不妨说:价值(主要指交换价值)是以抽象劳动(抽象了的无差别劳动)为基础,以效用满足程度为动因,以稀缺性来直接衡量商品根本属性,即"价值的起源和定义应该包括抽象劳动在内的稀缺性抽象效应"。更加通俗地说,我们平常说的价值概念主要想表达的意思是两个方面[14]:一是该物品对我们来说是有用的或者说是有使用价值的,二是该物品是有交换价值的。在更多场合,某物的价值就是指它所能够换回其他物品的数量。简言之,"价值"术语的第一习惯用法就是"价格",其次是"有用性"。

2. 价值(创造)理念的产生

价值理念(即价值创造理念)源自价值理论。价值理念是价值理论在企业经营管理中进行运用的一种方式。

亚里士多德认为:"凡是可欲的皆是值得追求的,凡是值得追求的皆是有价值的"[15]。可以说,价值理念是价值理论用于企业管理时的一种商业伦理。价值理念就是解决企业"该做什么""不该做什么""为什么要做"的问题,是指导与支配人们商业行为的深层价值观基础,是制定企业战略决策三问题(做什么、如何做、由谁做)中首先要解决的基本问题。

　　企业经营始于战略选择,即回答"做什么"。这个问题的细化分解可以变成"能做什么""该做什么"两个维度,最终得到"我选择做什么"的答案。"能做什么"与企业的内生能力有关,但随着合作形式的拓宽,组织边界越来越模糊,也可以说能力的限制越来越少,所以"能做什么"已经不是主要问题;相反"该做什么"则是组织应该优先考虑的。因为"该做什么"不仅与组织的使命目标密切相关,也与道德伦理及企业价值观密切相关,它的一个基本价值判断就是匹配是否符合"价值创造理念"。企业经营战略选择如图2-6所示。

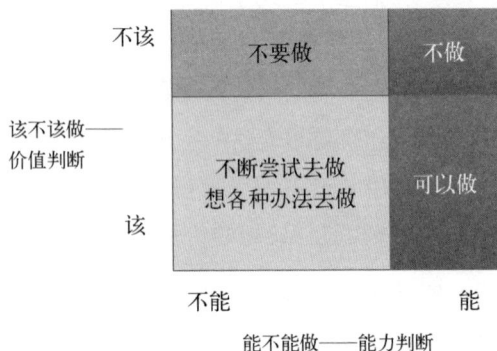

不该	不要做	不做
该不该做——价值判断		
该	不断尝试去做想各种办法去做	可以做
	不能	能

能不能做——能力判断

图2-6　企业经营战略选择四象限图

　　价值判断具有普遍性,也有特殊性。市场经济中,价值创造的普遍性判断方法是围绕客户和交易。市场营销和现代营销学把生产与消费整合成一个整体,营销的目的在于帮助各方感知产品或服务的价值,整个营销过程可以看成是一个价值感测、价值创造和价值传递的全过程[16]。通过对市场的调查、对客户的分析,可以发现新的价值机会;价值创造过程则是研究如何围绕客户认同的价值点形成和塑造有效的及更多有前景、有价值的市场供应品;价值传递是企业运用其各种资源,通过组织的营销和服务能力使创造的价值最终满足客户需求,将顾客预期变成价值满足的现实,或者超越顾客预期满足客户,实现顾客受让价值提升。

因此,价值理念就是围绕价值创造过程提出的价值增值理念。它要求创造顾客价值的价值链上的每一个环节都增值,换句话说,即每一个价值创造环节都应该保证实现总价值与总成本的差额始终为正数。

价值判断同时也呈现外部性。使用价值和交换价值都是基于客户中心和商品交换的意义而进行定义的,不是基于企业生产流程的内部判断。企业所进行的产品和服务生产过程,即价值创造过程,看上去是在自己封闭的体系内完成的,而实际上却不是,因为价值的认同(无论交换价值还是使用价值)是融入顾客消费过程中的。更准确地说,价值是由顾客和企业共同创造的,即价值链的头部在企业外部,由顾客的偏好决定企业的技术和服务所需要进行的努力,由技术和服务的价值引导资源的投入,由特定资源的投入决定公司的资产和核心能力的形成,由资产需要和核心能力需要决定资本的投入,因此价值的判断完全是外部性的,价值理念的评价也应该完全是外部性的。

3. 价值理念的具体要求

通过对价值理念产生的论述,我们明确了价值理念的核心就是价值增值,就是"保证价值创造环节的总价值与总成本的差额始终为正数",并力争最大化。

这个论述可以细化为三个考察点:第一个是对总价值的考察;第二个是对总成本的考察;第三个是对总价值与总成本的差额问题,实际上更重要的是对总价值与总成本的关系问题的考察。

先来看第一个考察点,即对总价值的考察。为了实现差额为正且最大化,首先就是实现总价值的最大化。展开来说,就是总价值有下限,没有上限,最低的限制是企业生产和提供服务的每个过程必须有价值。以价值的外部性观点,或从客户的角度来看,每个生产环节存在的必要性应该得到客户认同。从价值形成的三个方面综合看,就是需求越大的、市场越稀缺的、抽象劳动投入量越大的,总价值越高。总价值 V 的变化区间可以为 $[K, \infty)$,且 $K > 0$; V 的变化可以用如下函数表示:

$$V = f(N, Q, L)$$

以上算式中,N 为客户需求;Q 为生产与市场需要比的函数;L 为劳动量。

其次是考察总成本。按照马克思的劳动价值论,成本来源于两个方面,一是资本投入带来的技术、材料等要素在每一个产品与服务中的消耗产生的成本,二是资本雇佣劳动生产产品和服务所需要的社会必要劳动提供给劳动者的补偿。与总价值相反,我们希望总成本总是越小越好,成本 C 的活动区间可以为 $(-\infty, B)$。由于消耗和补偿的客观存在,事实上成本的下限不可能为负数(最理想成本是零成本),因此合理的成本范围为 $(0, B)$,成本函数为

$$C = f(I, T)$$

以上算式中:I 为资本投入量;T 为生产时间。

最后我们考察总价值与总成本的差额问题,差额可以用简单的数学式列出,即 $\Delta = V - C$(且 $\Delta > 0$)。但这简单的数学式背后有两个重要的意义,一是:$\Delta > 0$,以企业的外部性特征看,表达了市场对企业的认同;二是:由 $\Delta = V - C > 0$ 推论,可得到 $V > C$ 的表达式,说明该企业有能力按照市场的需求来组织生产,实现价值创造。

除了上述两个观点外，需要强调的是，$\Delta = V - C$（且 $\Delta > 0$），或 $V > C$ 没能充分表达 V 与 C 之间的内部联系。V 是从外部视角看待产品和服务的结果，C 是从企业内部视角看待生产和服务的过程，从表面看，使 Δ 最大化的办法不是 V 最大化，就是 C 最小化，V 与 C 似乎是一对矛盾关系。

这种认知容易给价值创造过程带来错误的引导，特别是会出现"必要成本"的不断削减，最终导致顾客满意度的下降，进而导致 V（价值）的下降。对此，陈春花在《企业是一个整体》[17]一文中对成本与价值的关系做了很好的解释："如何正确认识成本？首先一定要认识到，成本是商品价值的完整组成部分，成本在本质上是一种价值的牺牲。在考虑公司价值的时候，一定要记住成本是最重要的价值，成本损耗越多，价值损耗越大；成本损耗越多，在行业的竞争力损耗越大，一定要这样去理解成本。"因此，事实上，成本（C）与价值（V）本身存在的不是矛盾关系，而是正向关联关系。我们努力要实现的是在总价值持续上升的同时，有效控制成本的上升幅度。或者反过来，在成本做出牺牲（即成本上升）的同时，因成本牺牲而带来的产品和服务改善是有意义的，并且能够被客户感知，从而使得价值增幅更大。

这种逻辑用在价值（V）概念方面的解释也是同样有意义的。当商品和服务的价值在市场下降时，可以说一定存在我们做出的成本牺牲未被市场认可、未被客户感知的问题，即存在成本浪费。因此，可以说，当商品和服务在市场减值时，我们肯定能够通过减少成本投入（降低成本，C）来实现 $\Delta > 0$ 的目标，这个手段就是消除我们产品和服务生产环节的浪费。

由此我们推断出，实现更高价值的两个途径，即在满足 $\Delta = V - C$（且 $\Delta > 0$）的要求下，Δ 更大化的两个方法，分别为：一是通过创新满足客户更高层次的需求,获得总价值创造的提升;二是通过精益办法削减没有意义的成本牺牲——减少产品和服务生产价值链上的浪费,从而实现相对价值的提升。

4. 价值理念的运用

价值理念的运用:

一是可用在企业的战略管理上,将价值理念作为企业的信念和经营哲学,并作为推动企业组织设计和优化等管理工作改进的一个准则,进而形成相应的管理方法。如"价值创造中心"组织就是以价值理念为导向,在利润中心和成本中心以外形成的一个新的组织设计概念。

二是可作为企业流程设计,或者推动流程改进和流程再造工作的有力抓手。生产者或者产品与服务的提供者只有从"价值理念"出发,才能让客户为与其认知的产品"价值"相匹配的产品价格"买单"。尤其是必须从顾客的观点出发(受现有生产能力和产品的限制,生产者往往更多从生产的角度出发理解产品的优劣和价值),从全流程角度来分析所有活动是否会给顾客带来价值,减少产品中与顾客需求不一致的浪费(顾客不认同的价值或无法感知的价值)。

三是可以"价值"为核心推动企业的持续改进(改善)活动,消除浪费,提高价值。快速改善活动重点放在消除七种浪费上,即制造过剩的浪费、等待的浪费、不必要运输的浪费、过度处理或不必要处理的浪费、库存的浪费、不合格品制造的浪费、不必要移动的浪费。

5. 价值分析工具:价值流图

价值流图(value stream mapping,VSM)分析技术是丰田精

益生产中使用的一种旨在反映生产过程中实际的物流、信息流、生产周期与理想的物流、信息流、生产周期之间的差异，从而找出其中不增值（浪费）环节予以改进的工具。

企业是一个完整的价值创造系统，该系统由若干个价值流组成。价值流是当前产品通过其基本生产过程所要求的全部活动（包括增值和不增值活动）[18]。只要有一个为顾客生产的产品，就有一个价值流，而价值流图就是对其全部活动的概要描述。价值流分析是以价值流图为基础，在价值流图之上增加各生产环节的生产信息（包括关键活动、物料信息、时间信息），以直观的方式展现生产流程上各活动之间的关系和生产波动来源，从而获得改进思路的一种办法；其中最主要的是从原材料到产品交付顾客的生产流以及从概念到投产的设计流。

价值流也可以按照生产组织方式分为主要（基础活动）价值流和支持（辅助活动）价值流。其中，基础活动至少可以分为内部后勤、外部后勤、生产经营、市场销售和服务体系五大主要价值流，辅助活动则至少可以分为企业基础设施支持、人力资源管理支持、技术开发支持和采购支持四大支持型价值流（见图2-7，又称为波特价值链模型）。

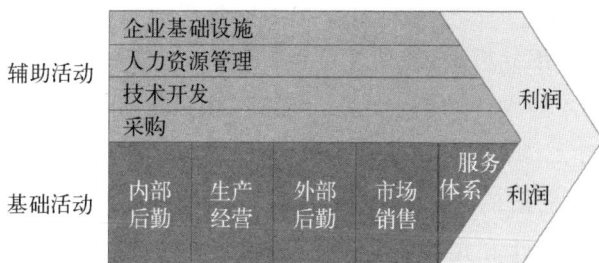

图 2-7　波特价值链模型[19]

　　价值流分析从描绘端到端的价值流图开始,对大到供应商、企业组织,小到每个生产作业单元和过程,都必须看到从上游到下游这样一个完整的过程,这个过程也被戴明称为"SIPOC模式的系统管理思考方法"。SIPOC是指由供应商(supplier)、输入(input)、过程(process)、输出(output)和客户(customer)构成的整个价值流,SIPOC流程图(见图2-8)也称为高阶流程图。这个价值流体系的关键是客户驱动,因此也可以倒过来说,是一个COPIS价值系统。

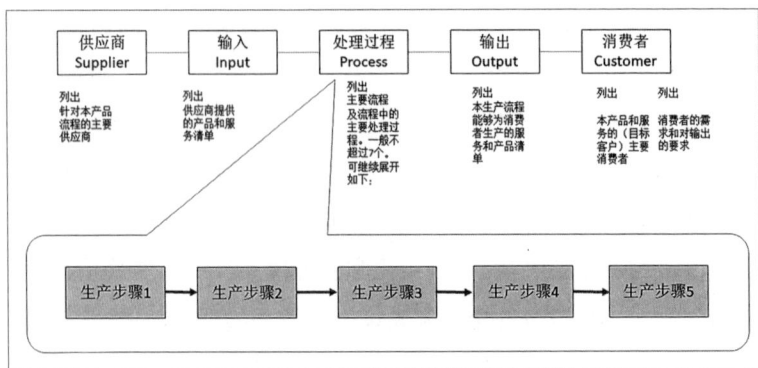

图 2 - 8　SIPOC 流程图示例

　　详细的价值流图绘制首先从了解客户需求开始,并对信息流、物流详细分析后,将两者链接,同时在价值流图中列出时间线,这样才能设计和描绘出一个完整的价值流图(现状价值流图,见图2-9)并使用其进行改进分析(主要区分增值环节、必要但不增值的环节以及不必要且不增值的浪费环节),然后经重新设计和定型后绘制出未来的(改善后或理想的)价值流图。

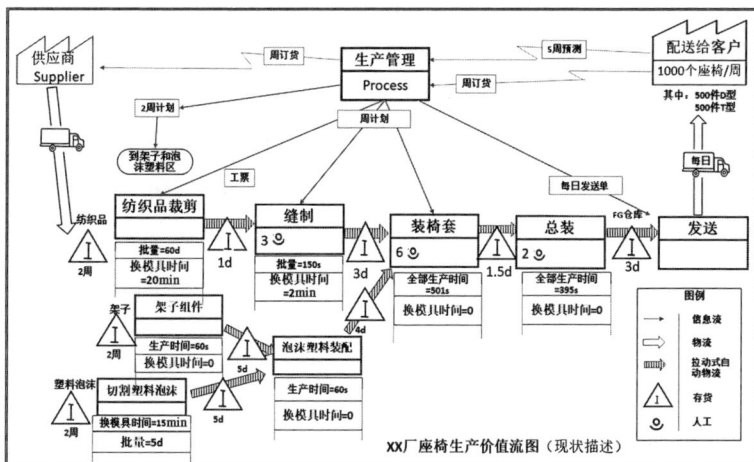

图2-9 一个完整的价值流图

第四节 风险理念

在一定范围内随机变化是大自然运动规律的一部分,这种变化使得自然能在"独立而不改,周行而不殆"这个大规律前提下,以随机变化让世界呈现更加丰富多彩的画卷。同样的地区,同样的季节,种子的发芽速度可能不同,森林生长的茂盛程度会不同,植被的种类也有不同,或者单位面积上承受的雨雪冰霜多少也不同。如果细化地说,每一粒种子、每一棵草本身也是不同的,自然生长的物产丰饶情况也不同,这是千万年以来自然本身的"道",但没有哪个"当局者"能深刻地"感受"到这种不确定性。而自从有了人类就不同了。一方面人作为生物界的一部分是极其敏感的,也是极其脆弱的,正如帕斯卡所说"人只不过是一根苇草,是自然界最脆弱的东西……一口气、一滴水就足以致他于死命";另一方面人却具有伟大的理性,人要比"置他于死地的所有东西更高贵得多,因为他知道自己要死亡以及宇宙对他所具有的优势,而宇宙对此却一无所知",因而人是这个世界最高贵的灵者。

人的理性是从与大自然的斗争中进化而来的,因为大自然的循环交替,食物的充沛程度不断变化,自然界的各种动物需要不断迁徙寻找新的食物才能生存下去。即便如此,食物中断而带来的死亡威胁随时存在,人类关于风险的最初认识就是从这里开始的,他们用储藏食物的办法应对这种风险。人类理性中的最基本认识是"趋利避害",争取利益最大化。通过对有规律性、随机性的各种环境的不断尝试,找到行为的范式,减少自己的损失。比如,几千年前,长江上游的商人们就已经采取将一批货分装多船的策略来分散运输中遇到巨浪翻船而带来的损失风险。中国人的"养儿防老"思想则是更加系统性地应对不确定性自然和更长期的风险防范思想,这种风险意识和风险防范措施遍及社会、家庭生活的方方面面。

1. 风险概念

风险是我们日常说得非常频繁的一个词,安全风险、财产风险、人身风险、生产风险、汇率风险、质量风险、社会风险等,可以说,无处没有风险,任何领域都存在风险。但就是这样一个被广泛应用且在学术成就与社会效益两方面都取得累累硕果的领域,目前却仍缺乏统一的度量或者说公认的一种理论[20]。

西方关于风险的概念大约是从中世纪晚期向现代早期转换的过程中形成的。由于海上贸易的巨大利益驱动,人们想方设法规避不确定发生的危险,于是"风险"概念就作为一个关键性概念范畴被创造出来[21]。西方古典经济学认为，风险是生产经营活动的副产品，经营者的经营收入是对其在生产经营活动中所承担的风险的报酬和补偿[22]。把风险当作管理的研究内容则是从法约尔开始的，他率先把早期简单的风险管理思想引入企业经营[23]。

那么怎么来定义风险呢？由于风险是客观存在的，且具有普遍性，因此关于风险的定义，不同学者、不同学科分别从可能性与不确定性、预期与实际、主观与客观、定性与定量等角度进行描述。美国学者威雷特于 1901 年给出的定义是：风险是"关于人们不愿看到的事件的发生不确定性的客观体现"。中国学者王育宪给出的定义是：风险[24]是"指某种随机性意外事件发生后，给人的利益造成损失的可能性"。美国学者威廉姆斯和海因斯在 1977 年出版的《风险分析》一书中对风险所下的定义[25]为："风险是在一定条件下，一定时期内可能产生结果的变动。预期结果与实际结果的变动，意味着预期与实际的偏离，偏离的程度反映了风险的大小"。国际标准化组织则直接将风险定义[26]为"目标的不确定性效应（effect of uncertainty on objectives）"。

关于风险的定义还有很多，此处不再枚举。但归纳起来大体可以分为四种不同观点：① 风险就是不确定性；② 风险是损失种类的不确定性；③ 风险是某种损失可能发生的不确定性，即使人们知道哪些种类的损失将会发生，但还存在这些损失是否会发生的不确定性问题；④ 风险就是不确定性水平。

风险可以用定量方法和数学语言来定义。概率代表事件发生的可能性，与风险概念同源异体，可以简洁、有效地表达风险概念。也有用方差或变差来表达的，方差和变差指示的是不确定性结果落在某个区间不同位置的总体可能性，与概率表达异曲同工。黄飞用"概率和变差"两个概念归纳出风险三种数理性定义[27]（或观

念）。其观点简单地说就是：变差即指风险，概率就是风险。其中变差的计算方法为

$$\sigma^2 = \sum_{i=1}^{k} p_i(x_i - E(x_i))^2$$

式中，x 表示可能结果；p_i 表示 x_i 发生的概率；$E(x_i)$ 为 x_i 发生的期望值。

在以上分析的基础上，结合当前各个领域内实际使用的风险评估方法和人们对风险是指不幸事故发生的可能性[28]的总体认知，我们可以从更加实用的角度，把风险概念做个综合。风险是指某个特定事件的不确定性导致可能发生的结果与预期的结果发生偏离的可能性概率，及与常态结果相比的总体损失水平估算。

特别需要注意的是：风险是一种可能性，并不意味着会直接产生冲击，但是如果不采取措施，可能发生的事情真的就会发生。

风险的表现形式不同，在投资上可能直接表现为损失，在运行上可能表现为不畅通、梗阻或者失灵（包括出现安全问题），在企业管控上表现为违规等。当然，在商业上，这些不正常最终也都可以转化为"成本"增加或利润减少。

2. 风险理念

虽然对风险的定义和内涵还有很多分歧，但风险理念却被广泛认同。风险理念指的就是"风险随时存在"或者"不确定性随时存在"的一种意识，并且让人们在不确定性面前，始终保持防范和准备。

风险常被理解为"可能失去"，一般指的是不确定但可能发生的未来事件，它可能是"负面的"。但"风险意识"并不仅仅代表"损失意识"，因为从对风险本身的评估看，风险存在于一定的范围内，

是围绕预期结果的一个波动，这种波动既可能是"不足"的，也可能是"有余"的，具有"上行"和"下行"两个方向的或然性。总体而言，与风险相关的"不确定性"是一个与"确定性"对应的概念，因此"'风险'概念与'确定性'概念是互补的"。

风险理念需要从四个方面进行理解：

一是风险指未来事件。过去发生的事件无论原来有多少变化的可能性，但时间点一旦显现，事件便有了确定无疑的结果，风险（不确定性）降低为零，或者说变量转化为常量。不确定性指向的是未来，关注"风险理念"可以让人们瞄准未来，从过去的经验中设想未来风险发生的可能，并通过正确的行动导向更好的结果（可能）。

二是风险的不确定性中"损失"与"获得"的敏感程度并不对等。与"获得"带来的非预期收益相比，"损失"带来的非预期伤害更加敏感，即心理学中所说的存在"损失厌恶效应"（卡尼曼和特沃斯基进一步发展了前景理论）。因此，防止"负向的、极端化的情况和损失出现"是风险理念中的重点。另外，重点防止负向的（与"损失"有关的）不确定性出现的原因还与人们的道德观点与价值判断有关，即人们习惯在实现目标（也包括决策与判断）的过程中自设很多被称为"红线"和"底线"的门槛，突破"红线"与"底线"意味着价值判断或者道德观迅速从"正向"转为"负向"。因为就相对损失与获得的连续性而言，道德和价值判断是离散的、不连续的，甚至是极端二元性的（如好、不好，或好与坏）。因此，不确定性方面的防范重点是负向的、极端化情况出现的可能性及后果。

三是风险与机会的关系。风险本身所说的"不确定性"并没有排斥上行，即更好可能性的出现。因此，谈及"风险理念"时必须也包含对更好可能性，即"机会"（"获得"与"收益"）的认识和把握。

事实上,风险中包含的"收益"总是与"损失"一样多,"风险投资"就是关于如何把握"收益"的学问,只不过人们鲜有将"收益"问题以"风险"的观点来看待的,但这一点确实非常重要。如果不将"风险"与"收益"挂钩,那么我们对未来就会失去希望。同样,如果不能将"可能收益"看成是一种风险来进行把握和保护,那么"收益"逆转为"损失"的情况也将会很快发生。

　　风险的存在并不随着个人意志而转移,这种未来的不确定性是始终存在的。但对风险的认识和态度可能人人不同,这些不同也会最终产生不同的影响效果。图 2-10 为人们对待风险的不同态度。

图 2-10　人们对待风险的不同态度[29]

　　四是风险的动态性。风险的变化与时间变量密切相关,时间在未来轴方向上的每一个改变都会带来风险的新变化。总体而言,时间上越长远,风险变化越大;时间上越迫近,风险变化也越小。风险的动态性是人们在风险管理中容易忽视的重要方面,风险评估是否可靠必须与风险的动态性挂钩,未来较长一段时间事件的风险评估必须通过设定重复评估的时间间隔来确保风险评估结果的可用性。

　　总之,风险理念把握的是"不确定性"。简单地说,风险理念就是赋予人们在不确定性的世界里把握不确定性的大小,从而做出相应决策的能力。

3. 风险管理

风险管理从 20 世纪 50 年代开始兴起，先是在保险金融领域开始运用，后来逐步扩展到安全生产、人身安全等企业管理、家庭事务、社会管理等各领域。风险管理作为一门学科出现，则是在 20 世纪 60 年代中期。1963 年梅尔和赫奇思的《企业风险管理原理》、1964 年威廉姆斯和汉斯的《风险管理与保险》的出版标志着风险管理理论正式登上历史舞台[30]。

风险虽然存在"上行"（正向）和"下行"（负向）的可能性，但通常（风险投资在下一个主题中叙述）风险管理都是以风险作为可能的损失来看待的。一般将风险管理定义为（经济）组织通过发现风险、认识风险，进而估计与衡量风险，并寻求最佳的对策，以最小的成本来达到控制风险的最大效益，从而减轻其损失的负担，获得整体安全保障的管理方法。在这个定义中，安全既是风险管理的结果要求，也是风险管理显而易见的重点，因此，不难理解，这也是目前流行的风险管理的思想与方法主要来源于企业的安全管理[31]的原因了。

风险管理概念有不同的表现形式。在企业管理中，审计概念中的"内部控制"、上市公司市场监管部门所提出的"公司治理"与风险管理基本都是一回事[32]，都是从不同系统出发对企业进行风险管理的不同说法而已，是对同一机体用不同指标从不同侧面衡量风险水平。

风险管理所进行的评估既有定性的，也有定量的。定性方法主要通过头脑风暴和德菲尔方法（专家评估方法）来确定风险大小，进而选择行动偏好；定量方法则是通过负向风险发生的后果严重性与风险发生的可能性计算来实现对风险的评估。风险的后果严重程度可以以损失的价值（或价格和影响程度）而定，风险发生的可能性主要通过过去已发生事实的数据收集整理得到的统计推断来获得，这种用数字来描述可能性的方法从雅各布·伯努利已经开始，伯努利表明，任何可能性都可以被描述成 0-1 之间的一个数字[33]。

4. 关于风险投资的风险

风险投资是基于对风险具有"获得"与"损失"两个维度更加均衡看待的实践。风险投资通常对投资的实体内容关心程度低，关注的重点目标是"资本的获利能力"，因此风险投资者本身可以更好地回避在"价值理念"环节中提出"该不该做"这个价值判断问题，而聚焦在风险资本"能不能"获取更多利益问题。

风险资本"能不能"获利需要考虑的主要是风险的波动范围和对负向风险所具有的规避能力，规避能力越强，则可以选择风险波动性越大的投资，反之，则只能选择波动性较小的投资。如果不能承担风险，则只能选择低回报的固定收益投资（如有保险的政府债券、票据及存款等）。

所以，以风险投资来推论，实际上对每个人而言存在着两种不同的风险：一种是必须规避的风险，通过防止损失或者伤害才能生存下来；另一种是必须冒的风险，通过获得竞争优势才能蒸蒸日上。无非是不同的人、不同的组织在不同的风险点上处理和控制能力不同，所以才有了不同的选择。

"正向（上行）风险"与"负向（下行）风险"未必对称。通常"负向风险"称"风险"，"正向风险"（获得）作为"回报"，可以按照"正向风险"与"负向风险"的匹配分为四个投资组合模块，理性的投资策略一定为"净回报"策略，即回报大于风险的策略（图 2-11 中左上角"正的回报/风险平衡"方向)。这个方向有 A、B 两个区域,也可以说存在两种有效的风险投资策略,即 A 策略(图 2-11 中 A 区的策略)和 B 策略(图 2-11 中 B 区的策略),A 策略为正向不对称风险策略,其中回报大于风险;B 策略为回报与风险对称策略,需要寻求对风险的有效规避手段,以最终实现"净回报"的目标,这也正是风险投资的本意。

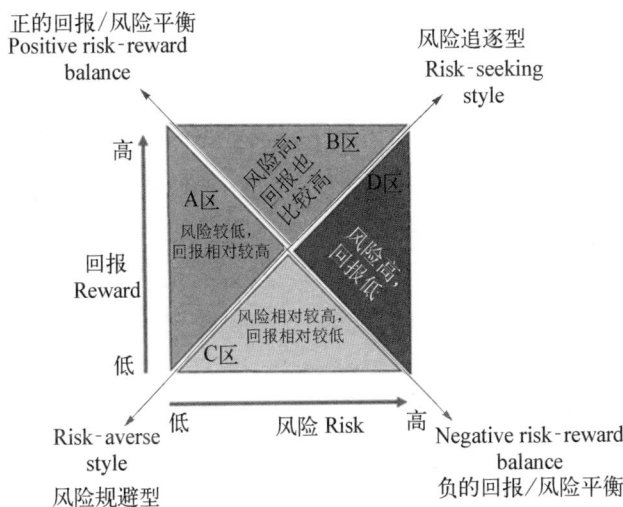

图 2-11　风险投资的风险—回报①

---

① 风险—回报图将风险与回报的关系分为 4 个部分:
　(1) A 区,位于风险收益线上方,意味着正回报,所以总体来看,冒风险是合适的,而且处在"Risk-averse"(风险厌恶)这一端,较为保守。
　(2) B 区,位于风险收益线上方,意味着正回报,但处在"Risk-seeking"(风险追逐)这一端,较为激进,意味着高回报与高风险是对称的。
　(3) C 区,位于风险收益线下方,风险大于收益,因处在风险厌恶端,所以虽然收益不大,但冒的风险也不算大。
　(4) D 区,位于风险收益线下方,风险大于收益,处在风险寻求端,冒的风险过大,得不偿失,需要避免。

5. 风险管理的过程

风险管理的定义包含我们开展风险管理的基本出发点和假设条件,在此复述风险管理的定义。风险管理是组织通过发现风险、认识风险,进而估计与衡量风险,并寻求最佳的对策,以最小的成本来达到控制风险以获得最大的效益,从而减轻其损失的负担,获得整体安全保障的管理方法。由此可以发现,讨论风险管理过程的基本假设是:我们将风险继续化归为"负向可能性"出现的范畴。

风险管理的第一步是从风险识别开始的。风险识别中包括发现风险和认识风险两个方面,发现风险是指寻找事物中要产生变化的"变量"(什么会变?),认识风险则重在研究"变量"的变化方向(有哪些变化?)、变化影响(变化方向之中哪些是有利的,哪些是不利?)、变化的机理(为什么变?)。风险管理过程如图2-12所示。

风险管理的第二步是分析与评估风险,包括进一步分析不利变化的影响范围和后果。评估风险是通过估算与衡量的方法,从中找出不利方面变化的影响程度(定性化的"高、中、低",或者定量化估算),以及变化的可能性大小("很大、大、小、不可能",或者定量化从"0~100%之间的任何水平")。

风险管理的第三步是根据风险水平确定风险策略。将风险评估(估算与衡量)的结果以一个确定的"性质"或"量的水平"引入组织体系中,与组织的能力和承载力进行对接,评价特定风险对组织的影响程度及组织面对此(未来)后果应有的态度,从而确定在当下应该采取的对策(包括积极与消极的、主动与被动的)。风险评价和行为决策如图2-13所示。

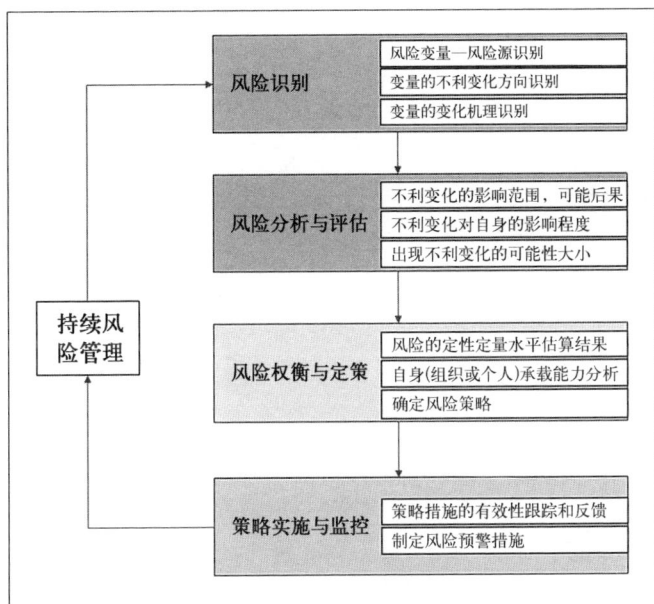

图 2 - 12 风险管理过程

图 2 - 13 风险评价和行为决策

根据风险评价和行为决策图确定的容忍（承载）能力，可以采取规避、转换、接受（忽略）、减少四种风险策略中的一种来应对。策略与容忍程度（承载能力）的对应关系如图 2-14 所示。

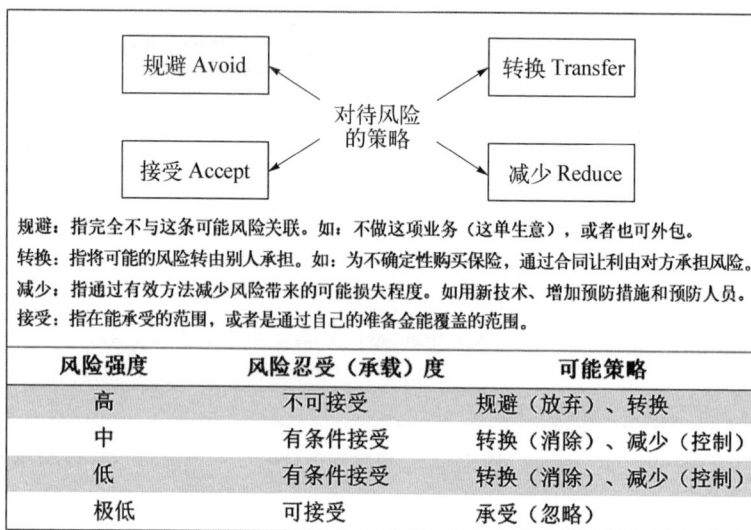

规避：指完全不与这条可能风险关联。如：不做这项业务（这单生意），或者也可外包。
转换：指将可能的风险转别人承担。如：为不确定性购买保险，通过合同让利由对方承担风险。
减少：指通过有效方法减少风险带来的可能损失程度。如用新技术、增加预防措施和预防人员。
接受：指在能承受的范围，或者是通过自己的准备金能覆盖的范围。

风险强度	风险忍受（承载）度	可能策略
高	不可接受	规避（放弃）、转换
中	有条件接受	转换（消除）、减少（控制）
低	有条件接受	转换（消除）、减少（控制）
极低	可接受	承受（忽略）

图 2-14 应对风险的四种策略介绍

风险管理的第四步是实施相应的策略并持续监控风险变化（有时也称为回顾步骤）。一是要观察和回顾采取的策略是否对目前的风险起作用，并将风险限制在我们预想的范围内；二是为实现持续监控风险需要，建立新的风险识别警戒线（比可接受的风险范围更提前），以免采取的风险防控措施无效或效能不足导致风险偏离我们设定的安全范围。

另外，风险管理不是一劳永逸的，风险的动态性决定了风险管理必须持续进行，并按照时间轴的变化周期性地重复评估。

为进一步解释风险管理过程和其中的工作,表 2-1 以云对飞机飞行的影响为例进行说明。

表 2-1　风险管理举例

风险管理过程	风险管理行为	举例(以云对飞机飞行影响为例)	注　释
风险识别	风险变量—风险源识别	天上有云	是一个事实,也是飞行潜在危险因素,即危险源
	变量的不利变化方向识别	云开始增多,风向由南向北	如何变化及变化方向
	变量的变化机理识别	夏天强对流天气多,盛行南风,台风也一般从南部过来	寻找原因
风险分析与评估(面向未来时间范围)	不利变化的影响范围和可能后果	1 h 后,风险继续增加,会下雨,风会增大,也会出现风切变、冰雹	影响后果
	不利变化对自身的影响程度	下小雨,飞机淋雨;下中大雨,跑道和能见度有问题;风切变,空域不能使用;台风、冰雹等极端天气,飞机受损	对自身的有关影响
	出现不利变化的可能性大小(1 h 后)	小雨:90%可能;中到大雨:30%～50%;冰雹:5%;台风影响风 20 m/s:1%	定性、定量都可以,尽量将可能性定量化
风险权衡与定策	风险的定量水平估算结果(1 h 后)	风险=可能性×后果 1. 淋湿飞机:风险=可能性大×后果小=小 2. 跑道湿滑:风险=刹车效果差后果严重×湿滑可能性=中 3. 冰雹:风险=损伤飞机严重×出现可能性小=中 4. 台风:风险=损失较大×概率极低≈低	结果也可以定性,定量更好

续 表

风险管理过程	风险管理行为	举例(以云对飞机飞行影响为例)	注 释
风险权衡与定策	自身风险承载能力分析	飞机能防雨 飞行员都是新手 飞机受损为事故征候及以上,且修复难 台风航班延误和取消,影响正常运行	能否承受? 能力>风险,承载能力强; 能力≈风险,承载能力弱; 能力<风险,不能承载
	确定风险策略	小雨及损失接受(起飞可以继续),湿滑跑道要备降,起飞找窗口,台风要监控	
实施策略和监控	策略实施的有效性跟踪和反馈	本场飞机监控放行,(视离场程序与窗口匹配度而定)小雨则继续起飞,中到大雨则延误航班。降落飞机备降场选择	
	制定风险预警措施	30 min 累计雨量监控,风速超过 10 m/s 报告,30 min 后重新分析风险	

第五节　改善理念

　　"金无足赤,人无完人"这句谚语表明绝对完美是不存在的,或者说任何事都始终存有改进的空间。管理也如此,"我们不能一味拔高能力的标准来期望管理者的绩效,更不能期望万能的天才来达成绩效。我们只有通过改进工作的手段来充分发挥人的能力,而不应该期待人的能力突然提高"[34]。这是德鲁克关于提高工作有效性方法的一个重要论述,其实也是关于工作改进有多么重要的一个论述。与"金无足赤,人无完人"对应的是"虽然我们知道完美是不可能达到的,但改进的过程就是无限趋进完美的追求过程",这似乎本身就是一个悖论。

1. 改善与改进

人们经常说的"改进"一词在《现代汉语词典》[35]中的解释是"改变旧有情况,使有所进步","改善"则解释为"改变原有情况使好一些",两者意义相差不大,都是利用变化使工作更进步或更好。不过在"精益管理"中,"改善"一词专有化了,它来自日语的"Kaizen",意思是"持续改进"[36]。在区分"改进"和"改善"时,认为"改进"是一个更加笼统的说法,可以把"改进"分为"改善"与"创新"两大类:一般不牵涉产品"质"的改变的改进称为"改善",而给产品带来"质"的改变的措施则是创新,所以今井正明给"改善"下的定义是"利用常识性的观念与方法,低成本进行改进的方法"。图 2-15 为改善、改进、创新和维持的关系。

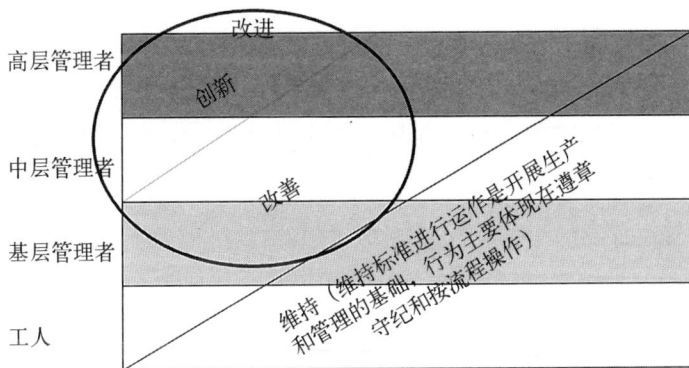

图 2-15 改善、改进、创新、维持的关系

研究现场执行力的远藤功则没有区分改进的"质"与"非质"，而是从改进的目标和影响范围来定义改善，他认为："改善工作可以定义为：积极主动地思考工作应有的样子，发现问题并找出解决的方法。不仅要看到自己工作上存在的问题，更重要的是能跨部门思考全公司问题的解决方案"。按照改善的影响范围，可以将改善分为初级改善、中级改善和高级改善三个层次，"初级改善关注自己的工作、工序，将浪费或存在问题的地方找出来，使业务更完善；中级改善则要考虑到前后工序的连贯性、整体性，跨部门追求业务链的更高效率；高级改善则不仅是自我改善，而且是要使改善活动能波及更广，产生更好的效果，进行培养人才和创造条件的改善活动"[37]。

本书中定义的"改善"，是希望把远藤功的"三层次改善"与今井正明的"改善就是持续改进"概念结合，即实现"改善"与"改进"相统一①。总体而言，采纳今井正明的观点，改善是指"持续改进"，既强调"改进"，也强调"持续"；同时增加远藤功的"三层次改善"不区分"质"与"非质"，只关注范围和影响力差异。

本书定义的"改善"，既包括在"非质"（如细节）意义上的逐步完善，也包括能通过创新办法在"质"上进行的改进和创新。我们所说的改善主要是指以积极主动的思维方式，思考如何使工作能够达成更好的目标、更高的水平，并发现与现实中的差距，通过可能寻找到的包括维持、创新、改进、改变在内的各种管理手段和方法，解决存在的问题，实现和达成预想的目标，推动工作不断前进，

---

① 在中文语境中"改善理念"与"改进理念"均表示不断改变使变得更好，都可以采用。本书因引用今井正明和远藤功的改善工具、方法，所以沿用 Kaizen 的翻译词"改善"。另外，日语"改善"还有将异常迅速改变到正常，以及不断提高现有水平之意，与"持续改进"意义相同。

循环往复,永无止境。因此,改善一点也不神秘,用柿内幸夫的话[38]说,"改善,并不是什么绝招,确切地说,是将问题逐一发现,以推动进步的一种脚踏实地的解决方法"。

2. 改善理念

明确了本文中"改善"的定义,"改善理念"的含义也就明了了。"改善理念"即"持续改善理念",是指个人和(各层级)组织通过永无止境地不断确定更高阶段性目标来满足客户需要,以个人和组织学习(通过学习型组织的建立)为途径,以创新、改进、改变方法为手段,聚焦流程(尤其是现场)简化优化,聚焦实际问题解决,提升生产和服务效能效益(不论是渐进的,还是突破性的),达成更高目标的一种工作思想。改善思维是组织决心追求完美和卓越的过程,也是支撑个人与企业生命的一种精神力量。

改善理念包含了以下几个方面:

(1) 改善强调作为工作者角色应主动思考、主动发起变革。改善的特点是:改善目标由工作者主动提出,因为只有自设的目标才能被更好地认同,只有被认同和内化的目标才能更好地得到落实,只有经历改善全过程的工作参与者才能更好地感知到改善的实际情况,从而不断提出新的改进方向。每一个小的改善都可以用图 2-16 来表示,对现状认知,形成目标,并从现状出发,通过行动获得自己的成果和成就。我们将现状、行动与成就构成的三角形称为"改善梦三角"。改善实现的要素有四个,即"现状、目标、行动、成就"。

(2) 改善强调的是针对生产过程的一项直接行动,能够用"产出"和"交付物"的变化来诠释改善工作的完成情况,而不只是停留在概念上,改善要经历"对生产过程和产品产生认识—自设关于产

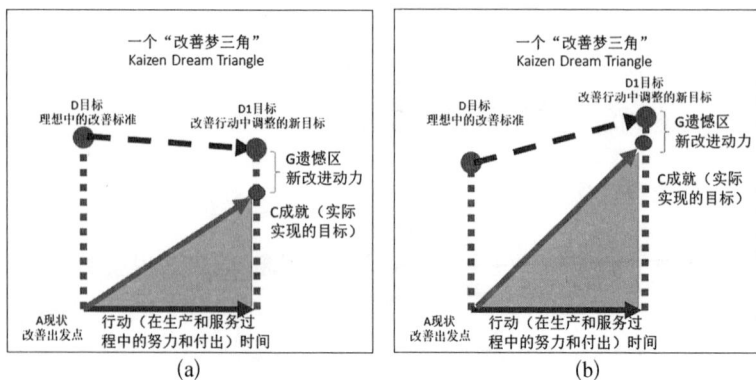

图 2-16　改善梦三角①

品和服务(包括生产过程方法)的新目标—采取实施行动—获得改变了的新的产品或服务"四个认知步骤。

(3) 改善过程是永无止境的,改进的目标也是持续提升的。不存在昨天进行了改善今天不需要改善或者今天进行了改善明天就不需要改善的情况;也不存在"一(批)次的产品进行了改善,下一批次的产品不需要改善的问题",而是需要按照"戴明质量改进环"(计划、执行、检查、提高,plan-do-check-act,简称 PDCA)逻辑,持续改善(见图 2-17),呈现为"改善梦三角"的不断叠加和上升。

(4) 改善的范围没有限制,生产和服务过程中的人、机、料、法、环、测方方面面都可以进行改善,而不仅仅是产品。

_____

① 　关于"改善梦三角"的说明:

　　(1) 只有目标,没有行动不是改善,目标只会停留在 D 位置,是一个空中楼阁。

　　(2) 改善要达成的目标在改善行动中会得到调整,形成 D1 目标[D1 有两种情况,一是可能高于 D 目标值,如图 2-16(a);二是也可能低于原来的 D 目标值,如图 2-16(b)]。

　　(3) 改善不能完全达成与目标的重合,形成的 G 遗憾间隙,恰恰为下一个改进提供了动力,促成新一轮改善的开始。

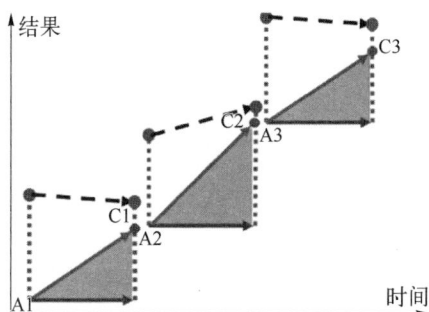

图 2‑17　持续的改善进程

（5）为了保持改善后的成果，并实现以此为基础呈螺旋式向上改进和发展。一方面，需要采取成果固化的方法推广和扩展成果的范围，使组织和组织成员都看到改善的成效；另一方面，除需要按照 PDCA 持续螺旋式上升推进外，还需要按照"维持质量水平的管理"循环（标准化、执行、检查、改进，standardize-do-check-act，简称 SDCA）进行标准化和固化，强化改进效果的持续性，强化新改进的基础（见图 2‑18 和图 2‑19）。

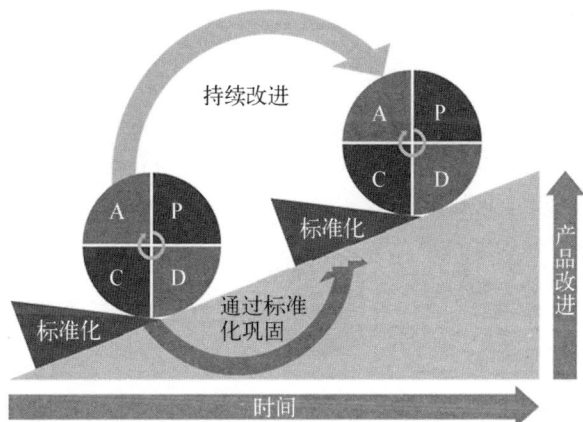

图 2‑18　持续改进与标准化的关系

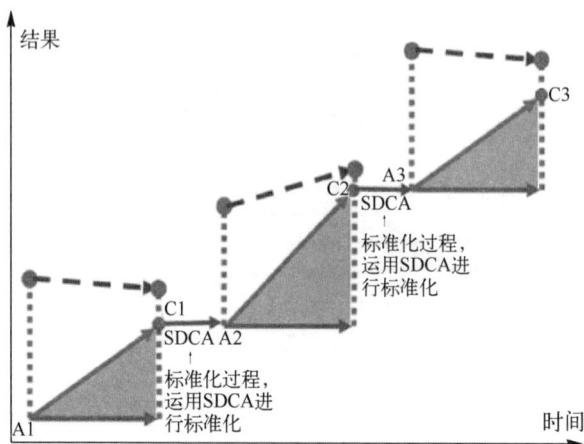

图 2‑19 考虑了 SDCA 循环的"改善梦三角"

（6）改善理念检验的是人们的执行力，一是改善与人们自愿确定的理想和梦想中的状态有关，但改善的重点不在于是否拥有一个完美的理想目标，是否做了一个好梦，而在于是否能够及时采取改进的行动，取得实实在在的效果。二是持续改进意味着能够不断保持"执行力"，不妥协、不懈怠。

（7）改善理念为企业员工的学习和发展开辟了新的空间。主动发起以改善为目的的变革首先需要员工主动学习，既要更多地了解客户需求，也要掌握更多的知识和技能，持续改善将使员工学习更有动力，也使得员工的发展从学习开始，在工作中达成学用结合，学用结合是最佳的学习与发展方式。

（8）改善与达标（对标、标杆管理）的区别。与改善强调持续并主动性地设定新标准、达成新目标的努力相比，"达标管理更多的是一种封闭式管理，只要求按标准、规定的去做，容易束缚人的思维"[39]。当然，与更高标准对标也是改善方法中的目标来源方法之一,特别是当标杆水平远远高于我们自己标准时;但从思维上来看,这两者存在封闭性和开放性的区别及主动推动和被动推动的区别。如果能将改善与对标及创造和设定自己的标准结合起来,则可以为改善注入强大动力,形成更加稳定的改善。

(9) 改善与改革(变革)的区别。改善与改革都是进行变化与调整,但改善和改革有较大的不同,改革通常是指在较长时间间隔后推动的比较重大的、结构性的变化和调整,而改善更多的是强调日常中循序渐进、润物细无声的逐步改变,如果硬要与改革挂起钩来,则可以认为改善是"渐进式"的改革和变革。

3. 持续改善的流程

全方位的改善工作是组织不断保持竞争力和活力的重要手段。改善工作牵涉组织中的每一个人、每一个环节,改善涉及的范围也有大有小,因此改善工作需要分层分级展开。最小化的改善单元是个体自身工作流程的改善,如果这个工作流程不牵涉其他人员和外部流程,通常应该采用"立行立改"的方式,这样不仅可以形成雷厉风行的工作作风,也能通过每一个个体的努力,积小胜为大胜,为组织创造可观效益;还可以促成组织持续改善文化,形成氛围。更多的改善工作需要多人配合,甚至需要整个组织参与,这时候,适合的改善流程就变得尤为重要。

下面为一个组织开展持续改进的流程,如图 2-20 所示。

一是改善问题的提出,或者改善机会的发现。改善与变革不同,并不要求有突破性或者颠覆性的改变,而是追求比现况更好或更进一步即可,因此改进的范围和空间比较大。这其中,最重要的是抓住基层、一线生产班组,充分发挥员工积极性,出谋划策,积极通过包括提案与合理化建议在内的各种方式挖掘流程痛点、客户

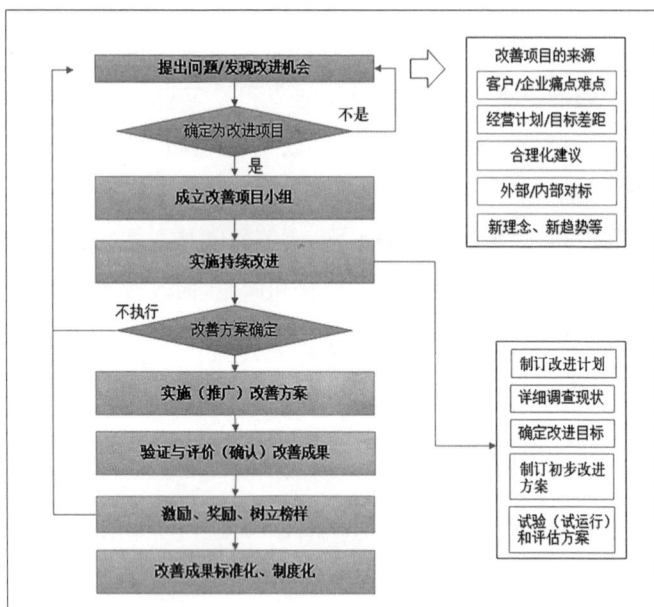

图 2－20　开展持续改进的流程

痛点,对接组织目标,借鉴和创造可能的新工艺、新方式、新方法,提出可能的改进点。

二是改进项目的确定。各级组织应定期审视、持续收集各种改进意见和建议;评估改进意见和建议的合理性和可行性、对本组织的影响程度以及对上级组织的可能影响;适时确定本组织的持续改进项目和向上一级组织推荐可以作为持续改进推进的项目,启动改进进程。

三是成立改善项目的项目小组。成立项目小组是组织推进改善工作的基础,由相应层级组织指派或授权的项目小组的成立标志着改善工作正式进入落地阶段。为了能够更好地发挥员工参与持续改善工作的积极性,项目小组除需要有与本改善内容相关的部门人员参与外,还应该将改善项目的提案人、问题发现人或者创意人纳入其中。改善项目的工作职责、工作范围、目标和成效、可调用资源也应该在项目小组成立同时授予小组。项目小组还应该经过如何推进持续改善项目工作的专业培训,以使项目团队有共同的语言、规范的方法来推进。

四是改善项目小组进入改善方案设计与实验阶段。项目小组将对拟改进的问题进行全面的回顾,收集有效的数据,对提出改进建议的背景、现状、问题产生的原因以及原有的改善建议(如有)进行分析,提出管理改善和问题解决的初步方案,并实施方案(如果牵涉范围较大的,则方案先进行试验或试运行),以检验和评估改进方案的有效性。当然,在经过小规模试验和实施证明一个改善方案的有效性后,在真正落地(或者推广)之前,还需要进行一次(由更高层级组织和管理者参与的)管理决策。因为组织提供的产品与服务是一个整体,任何管理改善最终都会传导到终端产品和服务上去。

五是正式实施改善方案。实施过程中的重点是要做好改善方案的一体化推进并密切监控改善带来的效果变化情况。虽然经过试验和试运行,但大组织并不是小组织的简单放大,因此还是有可能出现"黑天鹅"事件或"灰犀牛"效应。

六是验证与评价改善成果。如果方案正式实施后运转正常,则一方面需要确认改善效果是否达到预期,二是要确认改善效果与改善项目的相关性和相关度。为客观反映改善工作的有效性,通常应该由上一级的管理部门组织开展评价,这样可以对影响改善结果的其他因素进行更全面客观的分析,确保改善工作的评价质量。

七是对改善工作给予奖励和激励。改善工作是由全员参与的一项活动,适当的激励和奖励既是承认员工在改善工作中的贡献,同时也给员工增加信心,给改善工作增添动力,可以进一步鼓励更多员工参与到改善工作中来。

八是改善结果的规范化、标准化。改善不论大小都是一种变化。变化后的新的方式方法和工艺流程是否能保持还需要有一个固化的过程,即在每一个 PDCA 之后需要一个 SDCA 来保证。SDCA 的过程包括修正标准、修改作业指导书、修改管理制度和管理流程文件等,PDCA 循环强调的是改进,SDCA 强调的是维持与维护。

4. 改善工作的抓手

各个工作流程存在不断改善的空间是毋庸置疑的,莱克[40]的研究显示"多数流程甚至有 90%是浪费的"。因此,改善绝不只是管理者的工作,也绝不是少数人的责任,它应该成为对所有参与生产和服务的工作者共同的要求,是一项全员活动。在推进改善工作过程中,提案制度和现场改善可以成为改善工作的有力抓手。

(1)提案制度。提案制度也称为"合理化建议制度"。提案制度通过鼓励全体员工共同参与查找问题、提出改进建议,特别鼓励从我做起,立足于本职、本位工作,实现问题的解决和改进,从而推动企业逐步完善。该制度有以下优势:一是全员参加可以让企业充满活力,培养员工主人翁意识,增强员工对企业的归属感及认同感。二是通过提案和合理化建议制度,特别是通过适当的奖励机制,鼓励大家找问题、找不足,培养全体员工的问题意识。三是提案和合理化建议制度符合"头脑风暴"解决问题的思路(即"没有好方案是因为方案不够多,或者说只要方案足够多,一定能够找出好方案"),利用集体的智慧,切实解决一些管理层自身难以解决的问题。四是提案和合理化制度也是员工培养和发展的有效方法。这种制度化的设计可以让员工多思、多试、多行动，更快地在技能和心智上得到成长。五是提案和合理化建议制度鼓励交叉提问和找问题，有助企业内部加强沟通，使企业组织氛围更好，内部人际关系更加和谐。

（2）现场改善。现场是生产和服务的第一重点，特别是对制造型企业而言。现场改善应从安全管理入手，通过对设备、人员的优化匹配实现高效率生产。现场改善最重要的是作业和生产流程的改善，通过作业流程的改善不仅能够提高产品品质，更能够实现作业品质的提升，从而减少资源的浪费，提升资源利用率。现场改善工作从泰勒开始，经过对每一工作流程、每一操作动作的精准理解，剔除动作和流程中不合理和无效的成分，开发适用工具，简化劳动负荷大的部分，对使工作流程不顺畅的部分进行重新排列，达到既降低工人的劳动负荷，又实现系统顺畅、高效的目的。现场改善主要通过单一化、标准化、专业化方法实现，精益制造理论对此有详细的分析。

归纳来说，改善不是一时一事的活动，如果只是一时一事的活动，就无法形成企业的竞争力，更无法保持企业的竞争力。改善或者持续改进既是一个运用统计质量控制的严谨、科学的方法，又是一个使得管理层和工人专注于零缺陷的组织价值和信仰的适应性框架体系；它是对过去的每一年、每一天所取得的成就永不满足的一种哲学思想[41]。同时，我们还"必须把改善工作固定下来，使改善成为组织一种持续的日常活动"。要实现改善的持续，一是离不开管理者的积极倡导；二是需要形成改善机制，既要有好的改善流程，也要有组织、有方法、有评价、有激励；三是还需要采取成果固化的方法推广和扩展成果的范围,使组织和组织成员都看到改善的成效,即通过 PDCA 循环或者具体一点说,就是通过自我提升的"改善梦三角"实现螺旋式上升的效果,也通过一个标准化的 SDCA 循环固化改善的成果,使下一个改善循环能在更高的起点进行。

参考文献

[1] 朱春艳,陈凡."理念"概念的起源[J].东北大学学报(社会科学版),2003(02).

[2] 卡尔松.关键时刻 MOT[M].北京:中国人民大学出版社,2006.

[3] 德鲁克.管理的实践[M].北京:机械工业出版社,2006.

[4] 吴金明.新经济时代的"4V"营销组合[J].中国工业经济,2001(06).

[5] 余晓钟,冯杉.4P、4C、4R 营销理论比较分析[J].生产力研究,2002(03).

[6] 蒋丽华,刘军跃,杨海荣.客户关系管理思想的现代营销理念分析[J].商业研究,2005(20).

[7] 黄卫伟.以客户为中心——华为公司业务管理纲要[M].北京:中信出版社,2016.

[8] 奥斯特瓦德,皮尼厄,贝尔纳达,史密斯.价值主张设计[M].北京:机械工业出版社,2015.

[9] 林天强.全球管理者的十大思想工具[J].青年记者,2005(01).

[10] 辞海编辑委员会.辞海(第六版)[M].上海:上海辞书出版社,2009.

[11] 杨依依.企业价值与价值创造的理论研究[D].武汉:武汉理工大学,2006.

[12] 中共中央马克思恩格斯列宁斯大林著作编译局.马克思恩格斯全集(第19卷)[M].北京:人民出版社,2006.

[13] 陈春光,郭琳.三种价值理论的比较与综合[J].石家庄经济学院学报,2004(01).

[14] 许成安.对价值理论中若干基本问题的再思考[J].中国经济问题,2001(06).

[15] 邬昆如.哲学入门[M].上海:上海古籍出版社,2005.

[16] 陆雄文,徐明稚.大辞海(管理学卷)[M].上海:上海辞书出版社,2011.

[17] 陈春花.企业是一个整体——"管理整体论"7 大原理[J].哈佛商业评论（中文版），2018(05).

[18] 鲁斯，舒克.价值流图析——增加价值、消除浪费[M].北京：人民交通出版社，1999.

[19] 范阿森等.核心管理模型[M].北京：中国市场出版社，2012.

[20] 塞雷佐，洛汉，万丹.对风险概念的一种哲学伦理学分析[J].伦理学研究，2017(02).

[21] 刘宝霞，彭宗超.风险、危机、灾害的语义溯源[J].清华大学学报（哲学社会科学版），2016,31(02).

[22] 汪忠，黄瑞华.国外风险管理研究的理论、方法及其进展[J].外国经济与管理，2005(02).

[23] 王晓群.风险管理[M].上海：上海财经大学出版社，2003.

[24] 王育宪.企业管理的一个新分支——风险管理[J].管理世界，1985(03).

[25] Megill R E. Risk analysis [M]. Tulsa：Petroleum Publishing Company，1977.

[26] ISO/TMBG Technical Management Board-groups. Risk management-Vocabulary-Guidelines for use in standards：ISO/IEC Guide 73：2002 [S]. 2009.

[27] 黄飞.风险管理本质概论[J].科学管理研究，1987(05).

[28] 张旭初，颜鹏飞.论我国企业的风险管理[J].管理世界，1987(05).

[29] MCGRATH J. The little book of big decision models [M]. London：Financial Times Press，2016.

[30] 王东.国外风险管理理论研究综述[J].金融发展研究，2011(02).

[31] 王晓群.风险管理[M].上海：上海财经大学出版社，2003.

[32] 谢志华.内部控制、公司治理、风险管理：关系与整合[J].会计研究，2007(10).

[33] 埃文斯.风险思维——如何应对不确定的未来[M].北京：中信出版社，2013.

[34] 德鲁克.卓有成效的管理者[M].北京：机械工业出版社，2005.

[35] 中国社会科学院语言研究所词典编辑室.现代汉语词典（第六版）[M].北京：商务印书馆，2012.

[36] 今井正明.现场改善——低成本管理方法的常识[M].北京：机械工业出版社，2013.

［37］远藤功.现场力——锻造一线执行力的 7 个条件［M］.北京：中信出版社，2007.

［38］柿内幸夫，佐藤正树.现场改善［M］.北京：东方出版社，2011.

［39］肖智军."改善"是一种经营理念［J］.企业管理，2003(07).

［40］莱克.丰田汽车案例：精益制造的 14 项管理原则［M］.北京：中国财政经济出版社，2004.

［41］牛琦彬.企业持续改进及其与激烈变革的关系研究综述［J］.中国石油大学学报(社会科学版)，2013，29(05).

第三章
管理工作的方法

最有价值的知识是关于方法的知识。

——达尔文

比起任何特殊的科学理论来，对人类的价值观影响更大的恐怕还是科学的方法。

——梅森

第一节 管理方法论

要实现一个目标、完成一项任务、干好一项工作,没有正确的方法是不可能的。正确的方法可以获得成功,错误的方法导致失败;好的方法可以收到事半功倍的效果,不好的方法会付出事倍功半的代价,没有工作方法则要么像无头苍蝇,四处碰壁;要么止于空谈,什么也做不成。所以对方法的重视是我们做好工作的基础。

企业管理通常包括对内管理、对外经营两个方面。经营是指与市场打交道,利用价格机制使企业生产的产品和服务在市场上获得有利于自己的利益;管理则是一个组织内部如何用行政命令机制调配组织有限的资源以获得最佳配置效率的过程[1]。管理又可以分为两大类工作,一是维持和改进组织,使组织构造本身具有良好的动力,运行顺畅;二是利用各种行政机制、整体性系统方法和针对局部问题的各种职能性方法使组织资源获得最佳配置效率。简言之,管理就是做好组织管理和管理方法选择。所以管理工作的方法是管理工作的核心要素。

1. 方法

什么是方法?方法学[2]认为:方法是人类认识世界、适应世界和改造世界并使得自身获得发展与进步的功能活动的手段,包括精神手段和物质手段。也可以说,方法是手段,方法是作用于活动(工作)对象的、符合规律性的、能够帮助人们实现目的的一个工具。

不同的活动(工作)会采取不同的方法,不同的人对待同一项活动(工作)也会采取不同的方法。一般来说,方法是与人的经验、知识、观念、文化和世界观一致的,是由体现于实践活动中的生产方式与生活方式决定的。

方法本身总是存在着一定的结构,这个结构可以从纵向和横向两方面来看。纵向结构主要是在时间轴上,方法存在着产生、发展、继承、变化和最后消亡的过程,有先后顺序性,时间流向性;从横向看,各种方法分别分布在不同领域、不同方面、不同层次,方法与方法之间既存在着广泛联系,也存在着各种差别,所以不同方法之间是相互依存、相互渗透、相互转换、相互移植、相互促进、共同发展的一个整体。

方法产生于人类劳动实践,劳动为方法的发生和产生提供了要素,同时也只有有了方法或方法系统,劳动才得以进行,才能生产出劳动产品。恩格斯说[3]:“劳动是从制造工具开始的。”制造工具的方法是最先产生的,接着产生出使用工具的方法,有了这两种方法的组合,就有了生产方法系统,劳动生产才得以开展。

在此我们要纠正常识中的一些不全面的观点。通常人们总以为自己对某一事物有了认识之后才有了方法。事实上,人们往往是凭借了一定的方法才对那个事物有了认识。因此可以说,方法是认识的先导,新方法的产生既是已有认识的结晶,又是更深层次认识的开端。如果不凭借任何方法,哪怕是最原始简单的方法,认识活动便无从开始。这正好回应了方法的定义:方法既是人们适应世界和改造世界的工具,也是认识世界的工具。正因为方法早于认识发生,而方法又是社会劳动实践的产物,所以人们应该积极参与社会劳动实践,特别是一线的生产实践,这样才能与生产实际相结合,在生产劳动中学习方法、掌握方法、改进方法、创新方法,提高认识的能力。

2. 方法的分类

方法与活动(工作)相伴相生。可以说任何活动都有一定的方法,任何方法又都是一定活动的方法;有多少种活动(工作),至少就有多少种方法,即一种工作至少有一种方法。活动又表现为多方面、多层次、多属性,人们使用的方法也是多方面、多层次和多功能的,是一个方法的系统。

方法是人们根据客观世界的要求创造的,所以方法本身要符合客观世界的本质和规律性,人不能创造、消灭和改变客观规律,但能够根据客观规律去创造和改进方法。需要注意的是客观规律本身并不是方法,也不会自动转化为方法,方法是人类把握客观规律后创造的,方法是适应世界和改造世界的工具。

客观世界的复杂性决定了方法的复杂性。正因为方法是一个复杂的系统,所以为了更好地认识和使用方法,需要对方法进行有效的分类。

方法既可以按照产生和发展的不同阶段来分,也可以按照人类活动的方式划分,还可以按照方法的适用范围分类,或按照活动的内容划分,或按照活动的目的划分。凡是种种,都有一定道理。一般分类都是从大类或门类开始,然后进入纲、目、科等。如按照适用域对方法进行分类,方法可分为一般方法、特殊方法、个别方法。一般方法是指作为根本指导原则和普遍调节手段的哲学方法;特殊方法是相对于一般方法而言,在某种具有一定相似性的活动中所采用的方法;个别方法是指那些认识或改造某个特定对象的方式。在一级方法分类下面还可以细分。如哲学方法可以分为唯心主义方法、唯物主义方法、辩证方法、形而上学方法等;特殊方法可细分为数学方法、逻辑方法、形式化方法等;个别方法可以分为各种程式、技巧、方术、手段等。

对于本章所要讨论的管理工作的专门方法而言,比较好的归类方式是按活动内容划分,可以分为三大类,即认识方法、实践方法和哲学方法(见图 3-1),其中管理方法处于实践活动方法分类中(见图 3-2)。

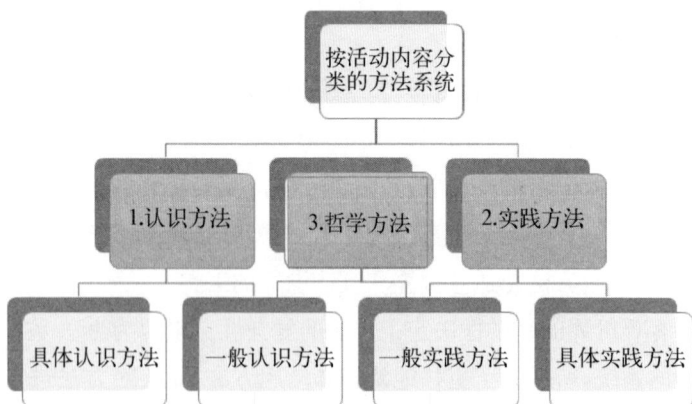

图 3-1 方法分类

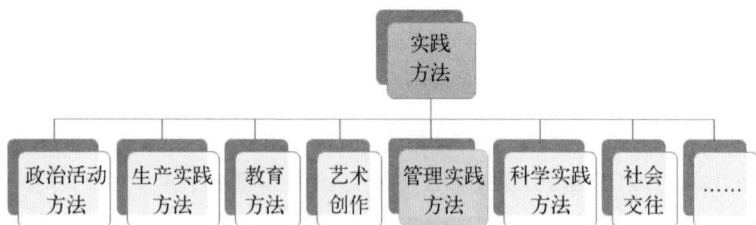

图 3-2 实践活动方法分类

3. 管理方法

管理工作是一项有目的的组织活动,要实现管理目的就需要各种手段和条件,方法就是其中一个不可缺少的条件,而且不

同的目的又需要不同的方法，因而管理工作也需要有自己的
方法。

　　管理方法属于实践活动方法的范畴。管理方法的划分办法也
很多，如按管理领域、管理职能、管理对象（客体）、管理的细化学科
（专业领域）、管理要素、企业生产的流程环节等分类。这里显示的
第一个例子是根据管理职能对管理方法进行细分的（见图 3 - 3）。
由于管理的诸多职能中都包含决策成分，因此除了按照计划、组
织、领导、控制四个职能划分外，决策方法也是管理方法中的重要
组成部分。

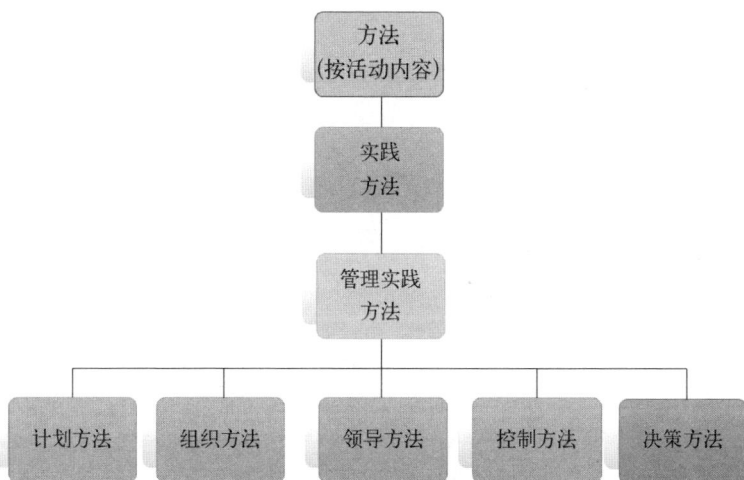

图 3 - 3　按管理职能划分的管理方法

　　第二个例子是按管理中牵涉的物-事-人系统进行管理方法细
分，称为物理-事理-人理（WSR）系统方法[4]（见图 3 - 4）。管理同
时集科学性、技术性、艺术性于一体。科学注重对现实世界本身属
性的探索，形成认识世界、探求真理、揭示规律的科学研究方法（即

与管理中的科学成分对应的科学方法);技术则注重对现实世界中现实社会的认识,形成了一套干预和指导人类认识世界、改造世界、改造社会的实践活动,能使人类的实践活动更加完美、更有效益和效率的方法(即与管理中的技术成分对应的技术方法);艺术则是指对参与社会实践活动的主体——人所特有的心理、行为、目的和价值取向,人类社会所特有的文化、传统、道德、宗教和法律等社会环境,以及诸多此类的因素对不同人的思想和行为的影响进行洞察后获得的能充分发挥人的创造性、潜力、组织力,既能为组织创造效益和效率,又能促进人自身的发展和完善的方法。这些方法有普遍性,但又因人而异、因时而异,统一性较低,所以可以说是与管理中的艺术成分对应的艺术方法。

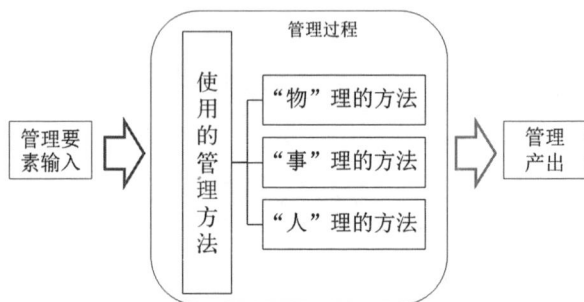

图3-4 按照管理对象对应的不同划分的方法
(物理-人理-事理系统方法)

第三个管理方法的分类主要从认识问题和解决问题两个方向出发进行[5]。一类是管理的认知(认识)方法,是研究问题的方法,也是科学的"求真"过程方法;另一类是管理的实践方法,主要以解决问题为导向,注重实用性,以最终达成管理目标为目的,也可以说是一种"求实"方法(见图3-5)。每类管理认知方法和管理实践

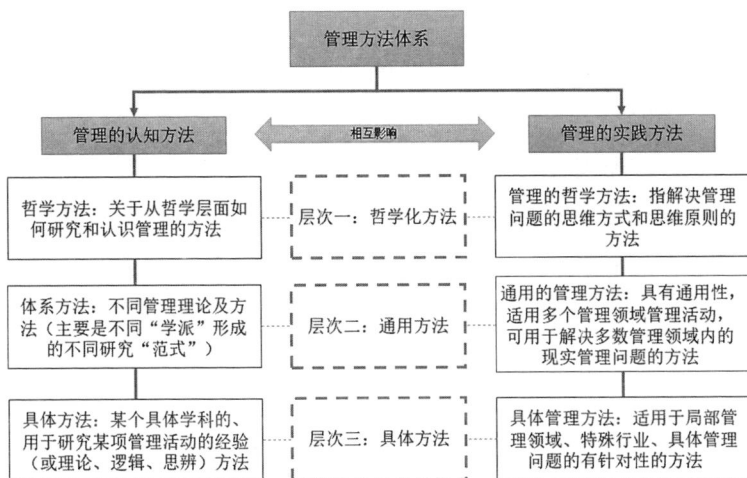

图 3 - 5　按照管理研究(认知)与管理应用(实践)两个方面进行的分类①

① 按纵向抽象层次分类,管理方法可以分为三个层次。最高层为抽象的哲学方法,主要是研究和解决管理问题的思维方式和思维原则的方法;中层为相对抽象的通用方法,这类方法对于许多不同管理领域的管理活动、现象的认识具有通用性,或者对于多数管理领域的现实管理问题的解决具有普遍适用性;第三层次为具体的专门研究方法或在局部管理领域、特殊行业、具体管理问题适用的方法。分为两类细化:
　　(1) 管理认知或管理研究方法。① 哲学层次方法,包括唯物辩证法和其他科学哲学方法;② 通用研究方法,实际上是一种所谓管理理论丛林的"学派"的划分(如管理过程学派、经验或案例学派、人类行为学派、社会系统学派、决策理论学派和数量学派等),或者是所谓的"研究范式",同一"学派"或者"研究范式"大体会采用相同的研究规范和方法;③ 具体研究方法,一般包括科学方法中的经验方法(观察、调查和实验)、理论方法(假说演绎、公理化方法、模型方法、系统方法等)、逻辑方法(归纳演绎、比较分类、分析综合、抽象)、因袭方法、权威方法、常识方法和直觉思辨方法,以及从社会和人文学科中移植来的其他方法,如从经济学、社会学、心理学等学科移植借鉴相关的理论和方法。
　　(2) 管理应用或管理实践方法。① 哲学层次的方法主要是指管理者的价值观和行为哲学,包括科学主义方法(管理者具备科学理性的价值观,严格按照科学规律和原则办事,采用理性的思维方式分析和解决管理问题)、人本主义方法(以人的本质、价值和尊严为思考和解决管理问题的出发点,倡导一切为了人、一切依靠人的理念)和后现代主义方法(基于后现代主义的哲学思潮,强调管理无固定模式和多元主义方法论)等;② 通用实践方法包括管理任务法(明茨伯格提出的管理人员应该承担的发言人、企业家、挂名首脑、领导者、传播者、资源分配者、联络者、监听者、危机控制者、谈判者 10 项任务)、人本管理方法、目标管理方法以及系统管理方法,这些方法在任何管理领域都有适用性;③ 具体管理方法十分繁杂。如可以按照管理职能分为计划方法、组织方法、控制方法、领导方法;按照专业领域可以划分为生产管理方法、营销管理方法、财务管理方法,也可以按照时间或者按照具体工具等划分。

方法又分为不同的层次,从具体到一般,由低到高覆盖所有的管理面。

第四类管理方法是按照管理牵涉的不同问题类型来区分的。从更宏观的管理工作来看,管理工作会牵涉法律、行政、经济等各类问题,因此相应的管理方法也可以分为管理的法律方法、管理的行政方法、管理的经济方法以及管理的教育方法和管理的技术方法(见图 3-6)。它们也构成了一个完整的管理方法体系[6]。

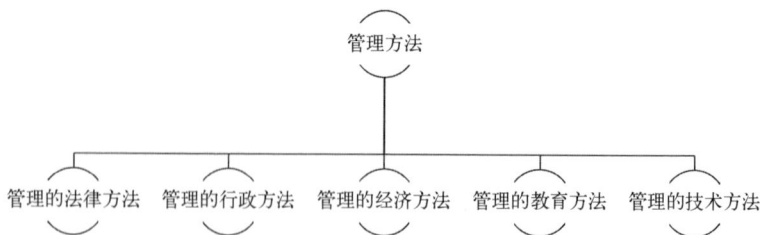

```
                        管理方法
          ┌──────┬──────┼──────┬──────┐
      管理的法律方法 管理的行政方法 管理的经济方法 管理的教育方法 管理的技术方法
```

图 3-6 管理方法体系

以上分析了四种典型的管理方法分类。另外还有按照是否量化来分,可以分为量化管理方法和非量化管理方法;按照方法在管理过程中的作用,可以分为过程管理方法和非过程管理方法;按照管理方法所实施的专业领域来分,可分为人力资源管理方法、财务管理方法、供应链管理方法、采购管理方法、市场营销管理方法等;按照企业性质不同而着力点不同来区分,可分为教育企业管理方法、互联网企业管理方法、金融企业管理方法、商业企业管理方法、制造业企业管理方法等。方法概念有大有小,方法作用层面有高有低,分类之间纵横交错,方法分类可以说多到无法穷举。

在诸多方法之中,为了帮助管理者快速切入管理工作,有效地提高工作效能,从方法的实用性出发,本章将进一步细化介绍四个类型的方法,它们分别是:制度化方法、可视化方法、问题分析和决策方法、数量统计方法。

第二节 制度化方法

"没有规矩,不成方圆。"管理工作是通过一群人的共同努力完成组织目标的过程,因此必须有十分明确的、能够为大家共同遵守的行动方针和行动指南进行指导,这些行动指南和方针就是制度,因此制度化方法也是管理的最基本方法。

1. 制度

制度与组织相辅相成。可以说,组织存在的时间有多长,制度存在的时间就有多长。组织需要按照一定的制度运转,制度通过符号系统、关系系统、惯例和人工器物四类[7]中介进行"硬性"与"软性"传递,而"被作为一种工具性机器以获取特定目标设计的'组织',在历史过程中会在不同程度上也被转化为'制度'"。

何为制度?行为学[8]认为"制度就是稳定的、受珍重的和周期性发生的行为模式",因此制度可以看成一群人自然而然逐步形成的习惯性行为,或者像有的社会学家[9]的说法"制度就是产生于习惯化的定型";制度经济学[10]认为"制度是组织人类共同生活、规范和约束个体行为的一系列规则,是决定人们的相互关系而人为设定的一些制约",由此定义看,制度也是一种主动设计,是需要组织成员共同遵守的规范准则。从交易理论出发,制度是"一个社会的博弈规则,或者更规范地说,它们是一些人为设计的、形塑人们互动关系的约束"[11],用于对参加者、信息、策略集合、次序、收益组成的博弈进行规范,制度从而成为整个社会进行博弈的基础。

制度的构成有三大基础要素,其囊括了为社会生活提供稳定性和意义的规制性(规则)、规范性和文化-认知性要素,以及相关的活动与资源。规制性(regulative)是指制度会制约、规制、调节行为,规制性要求可以通过外显的力量和行动进行强制,如设立专门的监督岗位或者通过奖惩活动来强制。当然规制性本身也有使能作用,即通过利用制度来达到获利目的。可以说,不管是否称为制度,如果存在一个稳定的规则系统,无论是正式的还是非正式的,得到了监督和奖惩权力的支持,并且这种权力又伴随着畏惧、内疚感,或者清白无愧、高尚、廉正、坚定等情感,那么就是一种流行的、起支配作用的制度。规范性(normative)是指社会生活中存在的说明性、评价性和义务性的维度,如价值观和规范。价值观是指行动者所偏好的观念或者所需要的、有价值的观念,用来比较和评价现存结构或行为的各种标准。规范则规定事情应该如何完成,并规定追求所要求结果的合法方式或手段。规范系统确定目标,也制定追求这些目标的适当方式,并对社会行为施加一种限制。文化-认知性(cultural-cognitive)用于定义文化与人们认知之间的关系,认知是外部世界刺激与个人机体反应的中介,是关于世界的内化于个体的系列符号表象。包括词语、信号或姿势在内的各种符号塑造了人们赋予客体或活动的意义,这些意义反映在互动之中,并被用来解释持续不断的互动,从而使之得以维持和转化。要理解或解释任何行动,不仅必须考虑行动的客观条件,还必须考虑行动者对行动的主观理解。"文化-认知"连词使用的意义在于表达"内在的理解过程是由外在的文化框架所塑造的"。

制度的三个基本要素表明,制度出现是组织中自发性行为,是组织管理者主动设计行为和组织参与者对组织文化认知和反应的综合结果(也包含其对组织文化的影响)。制度的作用是规范组织及其成员在对待组织目标、计划、任务上的态度和行为方式,成员与成员之间相互关系时表现出来的行为。注意,这里的行为不是指孤立的行为事件,而是指在特定的背景下,组织及其成员的行为模式。当然,对于制度的作用,也应该在组织的实践结果上进行观察判断,这种观察判断和反馈可以用于对组织制度进行修订和完善。

制度一旦建立,它们在经验上就成为一种客观现实,一般而言个人不能要求对其轻易改动。但要作为一个组织的规制化制度,达成合法化,制度还需要借助于概念、命题、知识体系和宗教信仰等手段对意义进行整合,或者还需要经过某种仪式的认可。如果不能实现制度的合法化,制度就难以持久。

制度概念通常意味着稳定性与持续性。制度的目标是实现熵减,但自然的熵增趋势使社会系统存在一种"去组织化倾向",各种事物的结构、规则和惯例往往会被违背、打破,因此去制度化也普遍存在。这要求行动者必须十分积极地监督持续进行的各种社会活动,必须高度关注自己与更广泛的文化环境之间的联系。只有在行动者能够持续地使用制度进行生产和再生产的情况下,制度结构才是可持续的。

2. 制度化

"所谓制度化,在一般意义上系指个人、社会团体的行为符合社会规范的程度及与之相适应的过程。制度化的过程,一般是从不稳定、不严谨、非结构的形式发展为稳定的、有序的、有结构的过程,就是从不明确的结构到明确的结构,从非正式的控制到正式的控制的过程"。制度化既包括了个人、群体(团体)已有习惯行为和社会规范的外化,也包括了制度在组织成员身上的内化,使得成员对作为观念形式的制度有着价值上的认同[12]。制度化也是对已获得某种确定状态或属性行为习惯和观念的一套社会安排,强调最终获得一种稳定的状态和秩序。

根据制度的三大基础要素,即规制性、规范性和文化-认知性要素,制度化可以划分为三种类型[13],分别为规制型制度化、契约型制度化和建构型制度化。规制型制度化是指其秩序基础是强制性规则,关键词是规则、法律和奖惩,是斯科特所指的基于回报递增的制度化。这类制度化存在高的初始成本、有学习效应和协同效应,能带来稳定预期,因此在制度制定后具有刚性。契约型制度化是指一种约束性期待,关键是得到合格证明、资格承认,是从稳定的、组织松散和狭隘的技术活动中逐渐出现和形成的。契约型制度化形成与组织中的个体与行动者自动遵循的规范和价值观、组织结构和程序有关。建构型制度化是以建构性图式为基础,与文化-认知制度要素紧密相关的制度化,是组织和参与者发挥主观能动性,协调共同信念、共同行动逻辑,而对组织思想、目标、信念实现日益客观化(因扩散而日益浓厚和固化)的结果。

制度化是一个行动得以产生、重复,渐进地在自我与他人中唤起稳定的、同样的意义的过程。所以制度化体现的是从规则到行为等一系列社会中的范畴、现象实现规范化、常态化、持续化、通约化的过程。制度化具有三个内容指向,分别是约束性指向、持续性指向和通约性、扩散性指向。所谓约束性指向,是指制度化对系统中行动者之行为的约束、规训、裁切功能。制度化就是一个制度与规范对规制对象实际发生作用的过程,这些功能可以通过奖励、监督或者惩治等手段来实现,从而使得制度实现其自主性。持续性指向,是指制度化对行为的持续性和再生产的引导功能和在时间维度上制度的主要原则与实质内核能够持续发挥作用。通约性、扩散性指向，是指制度化的辐射性、延展性，即在空间维度上制度的示范功能可以实现在其他组织或空间赢得认同甚至模仿，从而引起行动主体间的共鸣。

　　制度化是组织和程序获得价值和稳定性的过程，制度化的水平可以用适应性、复杂性、自主性和内聚性四个指标来评价。一是制度的适应性（也可以说是刻板性）。组织和程序的适应性越强，其制度化程度就越高；反之，适应性越差，越刻板，其制度化程度就越低。适应性就是适应环境挑战的能力和存活能力。环境提出的挑战越多，年代越久，适应力也就越强。二是组织的复杂性。组织越复杂，维持难度越大，其制度化程度就需要越高。一个组织如果具有数量庞大的下属组织，而且各下属组织之间专业差异大、专门化水平高，从上到下，隶属明确、职责明晰，这必然是良好制度化带来的结果。三是自主性（较少从属性）。是指本组织和组织程序独立于其他组织和行为方式而生存的程度。自主性越强，代表制度化程度越高，越不容易受外界干扰，能够自行良好运转。四是内聚力，也指团结程度。一个组织越团结，越具有内聚力，其制度化程度也就越高，战斗力越强；相反，组织越不团结，其制度化程度也就越低。一个有功效的组织必须能对它的职能范围和解决在此范围内出现争端所应遵循的程序有实质上的一致看法，这种一致性意见必须扩大到能约束整个体系内的活动分子。

　　制度化是将不同规范、思想和结构框架进行结晶化的过程，需要经历比较长的一个时间周期。同时制度化也要求一个组织建立比较完善的一系列制度，因此制度化也是一个系统化的过程。制度化不仅包括一系列制度建立的过程，而且更应该包括组织成员在认知上对制度的形式和价值的认同。在实践中遵守制度，事后对制度在生产过程中所起的作用和制度是否完善、如何完善的有效反映，使得制度在指导实践的同时，自身也在实践中获得再生产。

制度化是一个渐进的过程，无法一蹴而就。常见的制度不健全或者制度化功能发挥不好的状态主要表现为这四种方式[14]：一是制度缺场。在制度系统中，对于某些具有较大外部性的行为没有相应的制度安排予以规范，形成制度系统中的漏洞和制度空白。二是制度隐在。即除了被公示的制度外，还存在着"潜规则"（隐形制度），相当于实际上存在着两种制度，一种是被宣示公布，语词上要求各主体予以遵守的规则；另一种是虽未明文规定，但在实践中又被相关主体普遍遵循的规则。三是制度骤变。即制度的稳定性不够，各行为主体对一种规则内容刚建立印象，规则的制定者又出台了新的取代规则，并且这种规则并不是前一个规则的优化或延续，反而是偏离或背离。四是制度式弱。虽然有制度并且明确稳定地存在，但因多种制度之间存在"制度冲突"，或因行动主体无视制度（包括主观无视、盲从和群体极化而无视）而导致制度"主观式弱"，使制度所具有的规范效力弱化甚至完全消失。

制度化中的制度包括一切有形的和无形的、为组织所共有的一整套互动规则。组织的制度化建设重心放在有形的规制性和规范性制度建设上，这些制度包括人们熟知的法律规章规定、手册程序、标准规范、执行细则、操作清单、检查清单等。

3. 企业制度体系

因制度化方法在管理中所具有的基础地位，管理者开展管理工作的第一要务就是在本组织建立规范的管理制度，或者对本组织所存有的制度体系进行回顾、审视和确认，借助制度化的方法对自身组织做体检。一般而言，企业的内部制度体系可分为管理制度、工作流程和考核标准三大类。第一类管理制度是以规章、规定、规范为主的重在划定所有行为人行动范围的制度文件；第二类制度是指以工作流程、程序为主的重在指引行为人行动顺序，给出如何行动的指南，工作程序中既包括说明性指引，也包括为了提升效率、改善结果的制度性的工具和指引以及以防错漏为目的的检查清单等；第三类是以设定考核标准、检验办法为主的制度，目的是对管理结果确立一体化的判断规范。因为管理是以结果为导向的，这需要组织有合适的制度来要求，以实现组织目标。

不同的企业有不同的制度，同一个企业组织内部因层次不同、专业不同、岗位类别不同，也有不同的制度。总体而言，制度制定要求上层要全面，下层要细化；上层要有原则，下层要有针对性；上下层要配合，既不能上下冲突，也不能制度缺位，这样才能使制度更加严谨，同时也更有可执行性，再通过实践不断完善，这样才能使企业的制度化水平不断提升。

4. 制度化管理与人文化管理

现代社会是一个复杂的社会，现代企业组织是一个复杂的组织。制度化为现代企业组织实现其自身目标提供了可依据的行为要求、规则框架和解决矛盾的规则系统运作机制，促进了企业管理水平的提高，也促进了企业的发展。但制度化管理同时存在稳定性高、柔性不足、适应性不够的问题，存在覆盖不全、无法面面俱到、制度缺场普遍存在的问题以及制度跟进及时度不够、时效性不足的问题。这些问题是制度化本身内在的缺陷，因此需要通过诸如人文化管理方法、人本化管理方法、原则性框架下的人性化管理方法等来弥补，但如果将这些问题过分制度化，则反而会陷入制度异化的陷阱。

第三节 可视化方法

俗话说"不管黑猫白猫，能捉老鼠的就是好猫"。企业的管理必须始终把绩效放在首位，而且在每一项决策和行动中都要以经济绩效作为出发点[15]。工具和方法的选择也不例外，笨拙或优雅，绝不是我们选择工具和方法的标准，老方法还是新方法的辩论也没有意义，赶时髦更大可不必，与管理好坏的判断标准一致，工具和方法选择的唯一标准是绩效，即有效性。因此，此处要推荐一种高效快速的方法，也是最简单实用的方法，即可视化方法。

1. 感觉中的视觉与视觉思维

人们对客观事物的认识是从感觉开始的，它是最简单的认识形式。自从有了感觉，人们就可以分辨外界各种事物的属性，进而演化出更加复杂的如知觉、记忆、思维之类的认知形式。因此，感觉是人关于世界的一切知识的源泉。感觉依赖感受器接受外界客观刺激，感受器是脑的工具。在诸多感受器之中，视觉感受器即眼睛是最重要的感受器。研究表明，大脑接受的感觉信息80％以上来自视觉[16]，视觉信息的准确获取、正确加工和解码是大脑进行高效认知加工的基础。因此视觉可以说是信息获取最有效的感官，也是人类最敏感的器官。

视觉是知觉的一部分，由视觉带来的知觉为视知觉。美国德裔艺术心理学家鲁道夫·阿恩海姆认为[17]："一切知觉中都包含着思维，一切推理中都包含着直觉，一切观测中都包含着创造"，因此提出了"视觉思维"概念。视觉思维是一种与言语思维或逻辑思维不同的思维,它与视知觉和视觉意象紧密地联系在一起,通过观看、想象和构造两者间的相互作用来定义视觉意象,具有理性功能,从而成为创造性思维活动的一部分。视觉思维具备三个重要特点:首先,由于视觉思维源起于直接感知,这本身就具有从不知或未知到知的探索性;其次,由于视觉思维的运作单元或思维工具是视觉意象,而非经过加工的语词或概念,所以它既灵活又易于操作,能进行自由地再生和组合;再次,由于视觉思维是在主体与客体直接交流中进行,因而主体还完全有可能在对客体的直接感受和体验过程中,使自己头脑里长期积累的经验知识突然间得到升华而产生某种顿悟,也即获得某种直觉[18]。由于这三者的混合作用(即麦金所说[19]的人们借助眼睛直接看到的"意象",用心灵之窗所想象的"意象"和思维的直觉部分随当时之意构绘形成的"意象"三者间的相互作用),视知觉(视觉思维)的效果要明显好于言语思维和非视觉思维。所以,如果能实现视觉化,那么视觉化传递信息将是最快的(考虑信息的丰富度)、也是最有效的和最为人们所乐于接受的。

2. 可视化

"可视化"概念比较新,但是可视化方法却是一个古老的方法。人是自然之子,大自然绚丽的色彩和各异的形状启示了人们运用色彩和形状来标示特定的事与物。"眼见为实",观察的可信度比其他感觉方式更高,到目前为止"直接观察"依然是最有生命力的方法。

可视化概念作为专业术语来自"科学计算可视化"。其基本含义[20]是指运用计算机图形学或者一般图形学的原理和方法,将科学与工程计算等产生的大规模数据转换为图形、图像,以直观的形式表示出来。可以说,这个可视化概念是一个狭义的可视化概念,如果扩展或者广义地说,可视化就是最大限度地发挥"视觉思维"的优势将非视觉化材料进行视觉化的过程。

科学计算可视化之后产生了"数据可视化"问题。因为科学家们不仅需要通过图形图像分析计算机算出的数据,而且需要了解计算过程中数据的变化,也包括工程数据和测量数据的可视化。数据可视化技术指的是运用计算机图形学和图像处理技术,将数据转换为图形或图像在屏幕上显示出来,并进行交互处理的理论、方法和技术。

由于可视化有巨大的优势,当前可视化的领域已经扩展到信息可视化和知识可视化方面。信息可视化的意义是了解不同类别的信息数据之间的相互关系及发展趋势,尤其是在数据相关性方面的研究,可视化方法可以追踪或者分析出信息中的规律,以便更好地认知信息数据,包括从人类行为数据中分析出行为范式。而知识的可视化除了传达事实信息之外,其更多的目标是在于传输知识中的见解、经验、态度、价值观、期望、观点、意见和预测等,并以这种方式帮助人们正确地记忆、应用和重构这些知识,这样可以更好地传播这些信息,更进一步地用这些信息创造新的知识信息。

从以上分析可以看出,由于管理中既包含管理本身需要传递的目标、概念、观点、任务、指令等管理信息,也包括很多需要传递的其他非直接量化的多维信息,管理的过程和结果还要进行量化分析,甚至采用计算机控制或计算机仿真,因此管理工作的可视化应该包括以上全部的可视化形式。

3. 可视化管理与可视化方法

说完可视化,再来看可视化管理。所谓可视化管理就是充分发挥人类"视觉思维"优势,将管理过程中包括管理模式、管理流程、战略规划、生产计划、组织结构、信息反馈和风险状况在内的需要辨识、分享和及时修正的内容,通过颜色区分技术、形状区分技术、空间区分技术、时间区分技术、绘图技术(包括人工和计算机图像技术)和视觉交互技术的处理转化为视觉更好辨识的标识、标记、符号、几何图形及图像信息,以各种形式(包括招贴、写字板、吊挂牌、电视屏、电脑显示屏、不同几何形状的容器等)呈现在各类显示界面(包括可以作为呈现媒介的墙面、地面、顶面以及三维空间中搭建形成的各种界面),以实现提高管理效率和经济效益的目标。可视化方法则就是指按照可视化管理的定义形成的能够带来视觉识别优势的各类具体管理方法。

最成功的可视化管理案例莫过于交通管理中的信号灯管理技术(见图3-7),简单的红、黄、绿三色形成禁、清、行三令,清晰分明。消防车、救护车、校车等车辆的类型也是用颜色区分,所以第一类可视化管理办法就

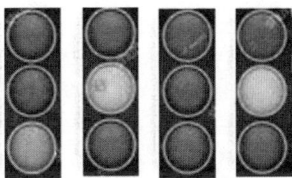

图3-7　信号灯管理技术①

是颜色管理技术,或者以颜色区分的可视化管理方法。

第二类可视化管理办法是采用形状区分。图3-8(a)和(b)中的流程图和网络布局就是很好的例子。形状区分又有三维(3D)形状和二维形状区别,三维形状逼真,辨识度高,但因为绘制难度更大,所以在二维面具有典型性或辨识要求不高的情况下,用二维形状进行示意是一个好的选择。还以交通标识为例(见图3-8),二维形状图已非常简洁,示意效果良好。

---

① 此图原图为彩色,本书为单色印刷,因此以黑白呈现。

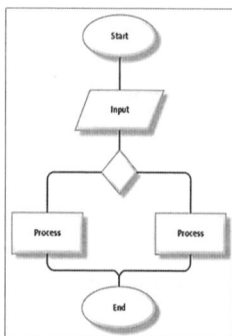
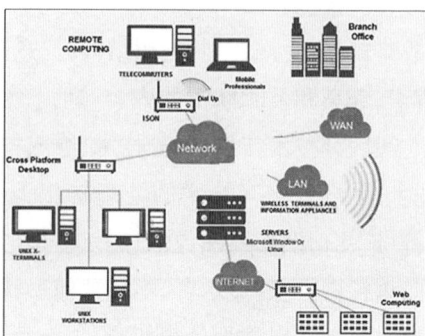

(a) 流程图 (b) 网络布局图

(c) 二维黑白交通标志

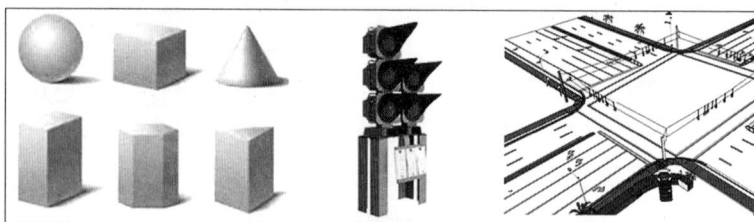

(d) 三维图与交通标志及路口

图 3-8 用形状区分的可视化方法

由于单纯以颜色或形状来进行可视化区分,一是表意量受限制,二是随着形状复杂度增加或近似颜色增多,分类和识别难度会大幅增加。因此这时采用形状与颜色的搭配效果就会得到有效改善,这就是第三类可视化管理方法。生活中多数可视化管理方法都是图形和颜色的结合(见图 3-9)。

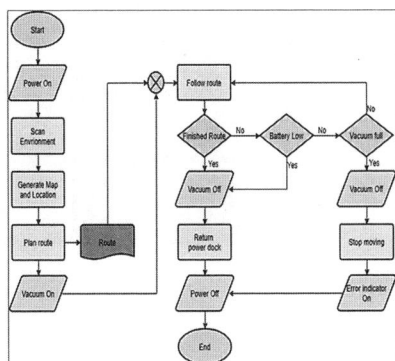

(a) 彩色流程图效果

(b) 彩色的二维交通标志

(c) 有色彩的三维标志

图 3 - 9　用颜色加形状表达的二维及三维可视化图①

第四类可视化方法主要是计划和控制方法等管理内容的可视化。如甘特图（进展图）、控制图，驾驶舱仪表盘技术以及利用大屏显示的计算机仿真/虚拟现实信息图（见图 3 - 10）

———————

① 此图原图为彩色，本书为单色印刷，因此以黑白呈现。

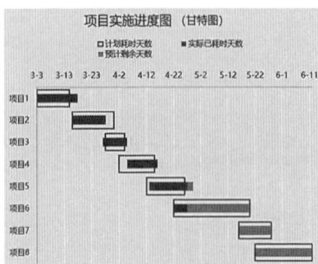

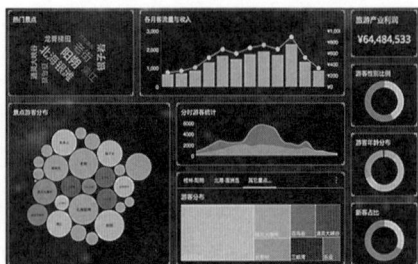

甘特图 可视化集成显示和告警系统

图 3 - 10　采用可视化方法的计划管理和控制管理图

4. 现场的 5S(或 6S)管理

谈到现场管理,一定会谈到 5S(或 6S)管理,因为 5S(或 6S)是维持现场管理的有效办法。

按照柿内幸夫和佐藤正树[21]的说法,5S 是日语中 5 个词"整理"(seiri)、"整顿"(seiton)、"清扫"(seiso)、"清洁"(seiketsu)和"素养"(shitsuke)的罗马拼音(读音)的开头,是很普通的日语,但是用到生产制造方面,已成为制造业的专业词语。

第一个 S 指的是整理。整理的核心是在工作现场按需要或不需要的标准进行区分,保留需要的、有用的东西,撤销或处理掉不需要的东西。

第二个 S 指的是整顿。整顿是在整理区分出的需要的或者有用的东西基础上,把要用的东西按规定位置摆放整齐,并做好标识进行管理。

第三个 S 指的是清扫。指的是对工作场所进行彻底打扫。这样可以使得工作场所被卫生原因所隐藏的问题彻底暴露。

第四个 S 指的是清洁。是将第三个 S(清扫)所实施的做法制度化、规范化,以持续维持工作场所的整洁。

第五个 S 指的是素养。是将第一到第四个 S 统一标准化,使人们改变不良习惯,养成良好习惯。

5S 的 5 个日语单词转化为 5 个英语词汇,即今井正明[22]所说的"5S 运动"中的"分类(sort)、理顺(strengthen)、刷洗(scrub)、系统化(systematize)、标准化(standardize)"。这五个单词意义比日语更加明了。"分类"就是将所有不需要的物品区分出来,并去除;"理顺"是将重要的物品有序排列、便于取用;"刷洗"是指根除污渍、污点、碎片等一切污染,以保持工具和工作场所的一切物品清洁;"系统化"是将清洁和检查作为例行工作,形成工作惯例;"标准化"是将以上四个步骤规范和标准化,以实现永无止境的改善和提高。

为了使 5S 更加精准,也有把日本 5S 表达为"5C 概念"的,分别为"清除(clear-out)""配置(configure)""清查(clean-and-check)""遵守(conform)"和"惯例(custom-and-practice)"。下表为日语 5S,英文 5S 和 5C 内容的对照表,其中 6S 一栏已经将日语 5S,英语 5S、5C 的内容进行了综合,形成更加容易理解的概念,也对每个 S 的核心要义进行了诠释。

6S 是在 5S 基础上增加"安全(safety)"维度形成的,因为安全既是工作的出发点,也是工作要保障的目标之一。

表 3-1 为 5S、5C、6S 概念及核心要点。

表 3-1　5S、5C、6S 概念对照及核心要点

日语 5S	英文 5S	英文 5C	6S	核 心 要 义
整理 seiri	分类 （sort）	清除 （clear-out）	整理分类 sort	通过分类把不需要的拿开并处理掉
整顿 seiton	理顺 （straighten）	配置 （configure）	布局合理 set in order	把需要的归位,形成方便使用的布局

续　表

日语 5S	英文 5S	英文 5C	6S	核　心　要　义
清扫 seiso	刷洗（scrub）或擦亮 shine	清查（clean & check）	清扫清查 shine	清扫干净以保持整洁环境并及时发现隐患
清洁 seiketsu	系统化（systematic）或维持 sustain, or spread	遵守（conform）	遵守维持 sustain	上述 3 个 S 要持续遵守并在工作中纳入计划
素养 shitsuke	标准化（standardize）	管理（custom-and-practice）	管理标准 standardize	为前 4 个 S 建立标准，整个企业实现同等水平
			安全可靠 safety	采取安全措施，保证工作安全

6S 以视觉管理为基础，融入对问题的发现、分析和决策，并以可视化方法来维持和持续推进。

6S 中的可视化，一是体现在整顿工作上，工作现场的设施、设备、工具必须是最方便、最高效的，同时更应是整齐划一和可视的（见图 3-11 中的工具柜）。

(a)　　　　　　　　　　　　　　(b)

图 3-11　5S(6S)工具柜

二是体现在系统化上,或者说体现在遵守、维持秩序上,如地面线路标志、工作区域布局等(见图 3－12)。

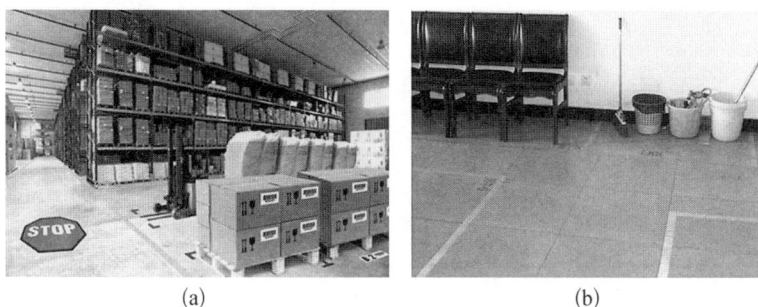

(a)   (b)

图 3－12 清晰的地面线路标志和区域识别

三是体现在对现场人员的意识和行为层面的管理上,通过可视化形式展示和提出需要执行的要求,进而规范所有现场人员的行为。如生产工作区域和环境的招贴及宣传标语(见图 3－13)。

图 3－13 可视化管理中的招贴、标语

6S 是现场管理的关键,是生产型企业在现场改善中最容易取得初步改进成效的有效方法。按照精益生产的理论,浪费是生产活动中最大的敌人,浪费体现在很多方面,其中因为无秩序导致寻找行为而浪费的时间以及员工因为工作工装放置位置不合适或者设备布局不合适而需要额外实施的操作行为和劳动均为无效劳动,也是巨大的浪费。

第四节　模型化方法

"尽管古代原子论者(最早可以追溯到包括来自米利都的留基波和来自色雷斯的德谟克里特)为了表述物体的物理性质(形成了物质是由原子构成的思想——当时只是一种想象)已经无意识地运用了模型,但是模型化作为科学认识方法是在 20 世纪 40 年代才开始迅速发展起来的。"[23] 从这一论述中我们可以看出,人类很早就有了类似于模型概念的思考方法,同时从模型化方法迅速发展这个事实也可以说明,模型化方法发挥着重要的作用,越来越多地影响着现代科学的发展。

1. 模型

所谓模型就是人们为了某种特定的目的而对认识对象所做的一种简化的描述。这种描述可以是定性的,也可以是定量的;有的借助于具体的实物,有的则通过抽象的形式来表达[24]。与模型概念相对应的是"原型"概念。模型是为研究"原型"而设计的,因此模型是原型的抽象和简化。但模型并不与原型形成一一对应的关系,原型一般是具有特殊性的独立个体;模型具有通用性,是对个体进行分析,提取具有某个类型的特征因素后形成的一般化、普遍化的通用概念和框架。个体通常是具象的,而模型一般是抽象的,其表达形式既可以通过自然语言来体现,也可以通过形式语言来说明。

模型是人类为了加深对世界的认识,在认识过程中必须经历的重要环节,它把认识过程的各个因素都汇集在一起,是对被研究对象（或称现象）的某种逻辑上的轮廓描述。模型的种类很多，从其代表原型的方式来看，模型可分为两大类：一类是实物模型，即由物质要素构成的模型，包括仿真模型、缩微模型等；另一类是思想模型，即各种思想形式的组合，包括数学模型、逻辑模型、语言模型等。当然，也可以从模型的性质来看，这样模型可分为结构模型（包括几何模型）和功能模型（见图3-14）。功能模型也体现在一定的结构上，所以关于"模型"的概念可以归结为"模型是对系统结构的一种抽象、简化的描述"，即模型化的核心在于模拟原型的结构。

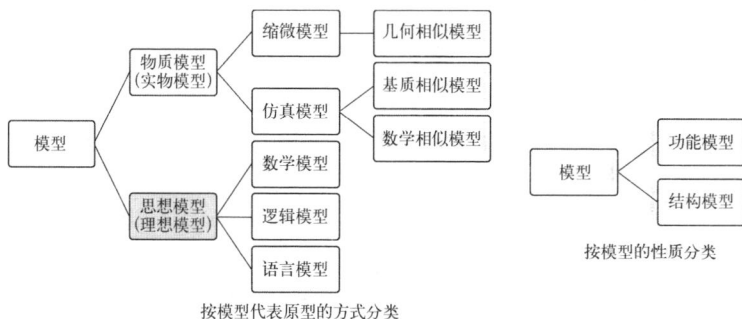

图 3-14　模型的分类

2. 模型化方法

利用模型来达到特定目的的研究和工作方法，可统称为模型化方法。

模型有两种主要的分类方法，一类是按模型代表原型的方式分为物质模型和思想模型，管理上使用的模型化方法主要是指思想模型；另一类是按模型的性质把模型分为功能模型和结构模型。管理既具有不同的功能特点，也具有相应的结构特点，且功能模型本身也是由一定的结构构成，功能和结构在系统中有机联系和统一。系统论认为：客观世界中的一切现实对象都是由内容丰富的各组成部分(或组成要素)通过各种各样的方式集合在一起(结构)所组成的、具有特定功能的有机整体(或系统)[25]。这里引出了系统的三个构件，即要素、结构和功能。其中，要素是结构的支点和基础，而结构又是系统功能的内在根据。要素通过结构拥有了新的功能，而这个有新功能的对象或一组功能集合的整体也可以称为一个系统，因为这个整体拥有了新的特定的功能，即其内在具有了新质，于是有了新的特性。所以，把握系统(事物)的本质首先是把握系统(事物)的功能(目的)，其次把握为此功能(目的)服务的结构，而为了把握系统的结构就必须把握组成该结构的要素。图3-15展示了我们需要认知的现实对象呈现的一个由"功能—结构—要素"三层逻辑构成的系统。

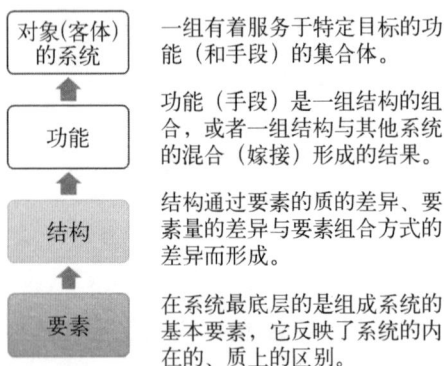

对象(客体)的系统	一组有着服务于特定目标的功能(和手段)的集合体。
功能	功能(手段)是一组结构的组合，或者一组结构与其他系统的混合(嫁接)形成的结果。
结构	结构通过要素的质的差异、要素量的差异与要素组合方式的差异而形成。
要素	在系统最底层的是组成系统的基本要素，它反映了系统的内在的、质上的区别。

图3-15　系统—功能—结构—要素之间的关系

开展模型化工作实际上既包含了科学研究活动中的从"功能—结构—要素"顺序进行认知事物的过程，也包括了从"要素—结构—功能"顺序进行构建和改造世界的过程。通过对功能结构的分解，可以更好地认知哪些结果是为哪些功能服务的；通过结构中要素的提取，可以实现要素隔离，试验获取新的洞见；而反过来，要素的重组，对系统结构进行变革与改造，对功能进行放大或者限制，能更好地改造这个世界。

当然，由于主客观条件的限制，模型的构建与原型仍然会存在一定的差距（模型的相似性，不是相等性）。一是模型只是对原型某一方面特定的功能、结构、元素的抽取。同一原型可以从不同方面、不同侧面去认识，从而构建不同的模型，所以要把握结构的所有方面既是不必要的，也是不现实的，因为模型不是原型本身。如果我们不简化，而是简单地复制，就失去了构建模型的意义，构建模型本身的目的是将特殊化向一般化扩展。二是事物诸要素之间总是普遍联系的。虽然构建模型中把握了主要矛盾或者矛盾的主要方面，但是次要矛盾仍是发挥一定作用的，模型只是客体的一种近似表达。无论如何，模型构建意义非常重大。克劳斯曾引用恩格斯的观点，认为"只有我们能仿造出一个事物，我们才完全认识了这个事物"[26]，通过模型化或者模型构建，我们一方面可以达成更深刻、更正确、更完全的把握，另一方面也能够实现对世界的改造和创造。

模型也存在多样性和局限性，模型构建既不是唯一的，也无法从所有可能的面反映现实中的原型。当不同的人、不同的科学体、学科体及专业体，或采集到客体的不同信息，或采用了不同的思路、不同的方法，或依据了不同的科学概念、假说等理论知识，或加进了不同的想象和猜测，都可能构建出不同的模型[27]。

模型化即模型的构建，还牵涉了模型与理论和现实之间的关系问题。"模型化"是运用建构和研究模型的方法去把握事物[28]。"模型"是理论与现实（原型）的中介，因此"模型化"具有两方面的含义：一是抽象化，即通过抓住原型（现实客体）的本质特征，在思维中对原型进行抽象,把复杂的原型客体加以简化和纯化,建构一个能反映原型本质联系、与原型具有相似性表达能力的模型,以求证客观现实中存在的规律;二是以具体化、高度抽象化的科学概念和理论发挥其认识论的特有功能,反作用于现实客体,必须通过更加具体化的特定的模型,使其科学意义得到精确、严格的体现,以更好地帮助人们理解理论,并指导科学实践。原型、模型和理论三者之间的关系如图 3-16 所示。

图 3-16　原型、模型和理论三者之间的关系

　　模型化实际上包含两个方向,从原型出发构建模型,或者从理论出发构建模型。从原型出发构建模型主要运用归纳法,即对某些系统,通过观察、测验等手段,掌握一些局部特征,然后寻找它们的共通性和服从这一共通性的结构规律,建立系统的模型。从理论出发构建模型,一般采用的是演绎法,就是运用已知的定理、定律,推导出系统的模型,推导出系统的内部结构和系统功能。

　　具体地,从原型切入建立模型的过程主要包括结构研究、结构简化和结构描述三个阶段。从理论出发建构模型则包括判断理论(对实践)的适用性、研究和解构客体结构和重新结构化建构模型三个步骤。

3. 管理的模型化方法和模型化的管理方法

　　由模型形成的两个方向,即原型(现实客体)的模型化和理论的模型化,进而产生了在管理上的两个方向的应用。一是管理的模型化方法,即把管理问题抽象成模型进行解决;二是模型化的管理方法,即把管理理论转化成管理模型,应用于管理客体和生产实际。管理的模型化方法和模型化的管理方法都是模型化在具体管理中的运用。

管理的模型化方法是深入开展管理问题研究的通路,主要应用于复杂问题的研究,特别是那些内部发生机制尚不明确的实际管理问题的研究。一般而言,复杂问题的内部机制往往并不明确(俗称"黑箱",互相关联但并不清晰的大系统则称为"灰色系统"),通过收集问题的形成前提和条件、边界位置、与其他问题关联水平、输出结果变化的状态,以及借鉴与类比其他系统的发生机制,形成关于该问题发生机制的简化模型(形成猜想、假设等)以进行论证。对模型的验证既可以从定性的角度把握,也能够从定量的维度把握,通过质和量的测定重复研究管理问题,并在修改、调整、验证过程中不断深化对管理问题的认识,完善模型,进而形成系统的理论。

管理方法的模型化属于将理论运用于实践和指导实践的过程,是管理者在管理工作中需要重点掌握和把握的。管理方法模型化的作用至少可以包括解释、指导、启发、判断与预测四个方面的作用。

首先,解释作用或者说解释功能。前面已经谈到,模型的组成有元素、结构、功能三个层次,模型呈现比理论更具体,比现实更清晰。管理是一个组织围绕其既定目标的一致行动,其中组织是由人员和一定的结构构成。群体工作过程的基础是必须实现思想统一、方法统一、行动统一,且思想统一处在首位。清晰的结构化模型正好可用于沟通和统一思想。因此,可以说,管理方法的模型化具有先天的解释作用。

其次,管理方法的模型化具有指导作用。模型是对实际客体的科学抽象,具有简化和理想化的特点。在模型上进行研究的结果,一般优于实际情况。因此,模型所提供的结果可以看成是最优结果,模型所呈现的方案可作为最优化方案,模型要求的优化条件可以作为追求目标,从而指引人们在实践中不断改善客体及其环境,争取向能够达成最佳或较佳效果的方向和道路前进。

再次,管理方法的模型化具有启发作用。模型不是原型的简单再现和复制,模型摆脱了杂乱无章的细节,是实际原型的抽象;模型也去掉了细枝末节,是原型实质的简化,这种提纲挈领的呈现可以帮助管理者开阔思路,启发管理者的想象力。

最后,管理方法的模型化对具体的管理工作具有判断和预测作用。模型把认识过程的各个因素都汇集在一起,通过模型的重复试验可以模拟管理对象的诸多因素和不同结果,找出管理的趋势性和规律性。而管理的具体对象已经包含在管理的一般对象范畴之中,因此对一般对象范畴进行试验获得的趋势性和规律性自然适合具体对象,即模型化的结论既对具体对象运行过程中是否正常有着判断作用,同时能够对具体对象的运作过程进行有效预测,发挥预测作用。

4. 模型化的具体管理方法

要使用模型化的管理方法必须对管理理论进行模型化,因为管理理论是管理方法之根。

让管理理论的模型化成为指导实践的模型,这类模型属于思想模型。思想模型是客观事物在人类头脑思维中的概括和纯化的反映。建立各种思想模型时,最重要的是集中处理和反映原型的内在结构关系,所以,一般的思想模型也以一定的结构化方式进行呈现。

下面是三类模型化的管理方法。

第一类是将管理理论转化为结构化的问题与提示,以此帮助管理者,如 5W1H 问题思考模型、各种沟通话术模板等。表 3－2 为 5W1H 方法模型的示例。

表 3－2　5W1H 方法应用

类　别	针对现状的提问	针对未来的提问
对象(What) 目的(Why) 场所(Where) 时间(When) 谁做(Who) 怎么做(How)	企业生产的产品是什么? 我们为什么生产这类产品? 我们在哪儿生产? 我们什么时候开始生产的? 我们找了哪些人来生产? 生产是如何开展的?	我们能不能生产别的产品? 我们是否还有别的生产目的? 我们的生产线是否能够移到其他地方? 我们的生产能不能在其他时间开展? 我们能不能通过别人来做? 我们有没有别的可选择的生产方式?

第二类是各种用结构化的表格内嵌管理思想形成的管理模型,如各种管理检查表、行动表、落实表,以及心理和行为测试表等。表 3－3 为与精益生产相关的 7 种浪费情况的检查表(检查结果停留在深色区域则需要采取进一步行动)。

表 3－3　精益生产浪费情况检查表

浪费类型	检　查　点	结果(是/否)	
直接浪费	是否有等待的现象	√	
	是否有不合理的移动		√
	……		
生产过度	人员的配置是否适当		
	交货期是否有勉强的地方	√	
	……		
生产不均	个人差异是否较大	√	
……			

第三类是用结构化的逻辑图解释说明和表达管理模型及管理思想。这一类理论和思想的模型化,属于内隐知识外化的一个过程,知识外化的工具和模型也适用于管理理论的模型化,这类管理模型图也统称为管理逻辑图。通常采用的管理逻辑图,包括思维地图(见图3-17)、认知地图、流程图、概念图、思维导图等。

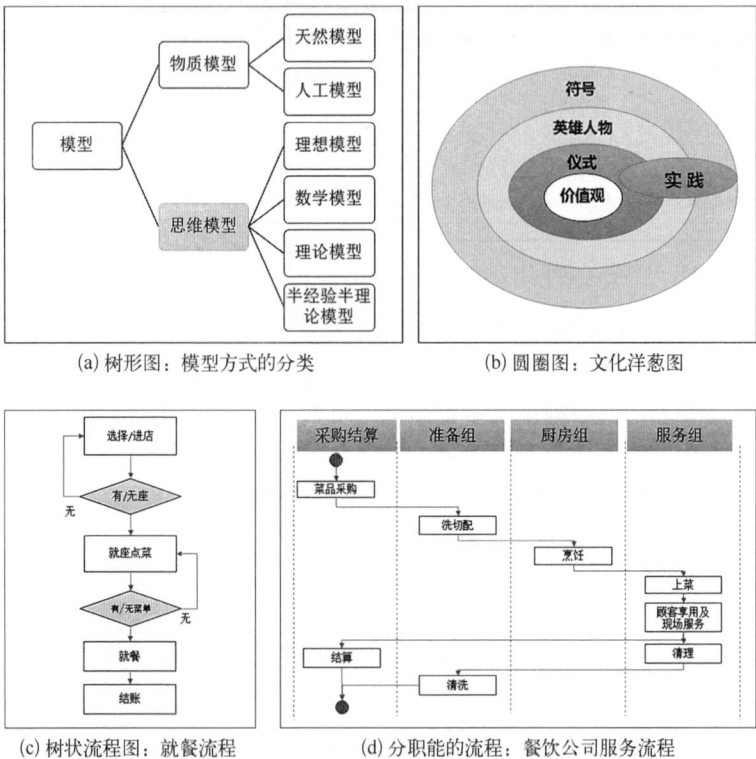

(a) 树形图:模型方式的分类

(b) 圆圈图:文化洋葱图

(c) 树状流程图:就餐流程

(d) 分职能的流程:餐饮公司服务流程

图3-17　思维地图

思维地图由海尔勒博士开发,共有八种图[29](括弧图、桥接图、起泡图、圆圈图、双起泡图、流程图、复流程图、树状图),用以帮助阅读理解、问题解决、信息交流。本节重点介绍树形图、圆圈图和流程图,这也是最常用的三种思维图,其中流程图有三类,即树状流程图、职能流程图和价值流程图①。

认知地图(又称"因果图",见图3-18)由阿克曼和艾登提出,用于定性分析输入(想法、做法、行动等,英文用 ideas 或 causes 表示)与输出(结果、产出等,英文用 output 或 result 标识)之间的影响关系。其中鱼骨图是经常使用的一种因果图,因果图中一般包含人员(man)、机器(machine)、材料(material)、方法(method)、环境(environment)、测量(measure)六类影响因素,按照英文首字母,也称"5M1E 分析法",或者在不考虑外部环境时,简化为"5M分析法"。

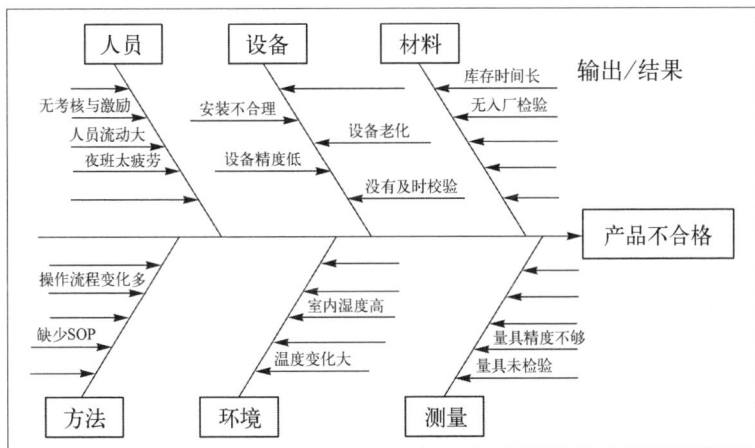

图3-18 认知地图(因果图)示例:
某个制造产品不合格的原因分析(鱼骨图)

其他的逻辑图还有概念图、思维导图(见图3-19)等。概念图可用于解释核心概念及核心概念与其他概念之间的关系。绘图

---

① 注:价值流程图即价值流分析图,在第二章第三节"价值理念"中已有列举。

时,核心概念可置于图的核心位置,其他概念根据其与核心概念的关系分置于周围,并用连线连接后标明两者之间的意义关系,这样可以对管理问题和概念进行一目了然的解释;思维导图更多地用于命题展开和问题探索,可以说是故障树的一种变形,更适用于有发散性思维的讨论。思维导图的绘图方式也比较多,可通过绘图工具,也可以随意手绘;可以四面发散,也可以同向绘制,用关系线连接。

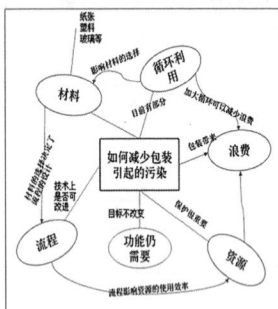

(a) 分析如何减少包装污染问题　　　　　(b) 销售业绩影响因素

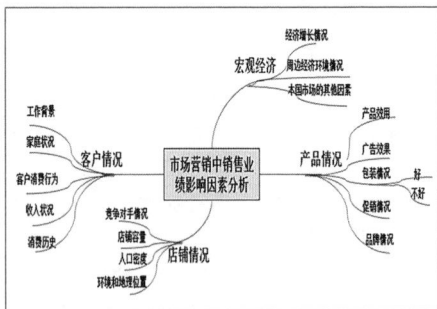

图 3 - 19　概念图和思维导图示例

第五节　数量化方法

前面介绍了管理方法中的模型化方法。实际上,模型既可以用于定性描述,也可以用于定量计算,而要深入研究事物(客体),不单要掌握事物的质,也应掌握事物的量。《党委会的工作方法》一文中说:"要胸中有'数',对情况和问题一定要注意到它们的数量方面,要有基本的数量的分析。任何质量都表现为一定的数量,没有数量也就没有质量……不懂得注意决定事物质量的数量界限,一切都是胸中无'数',结果就不能不犯错误。"

1. 数量化

任何事物都是质和量的统一。数量,指事物(客体)的多少,即以数为基础来精确表达事物(客体)量的水平,是对现实生活中事物(客体)量的抽象表达方式。

数量化则指对事物(客体)的现象、本质、相互关系和规律等方面采用数量方法进行表述的一种形式。数量化不仅使对事物(客体)的表达更加简洁、清晰、精确,同时还为更加深入的分析打下基础。数量化使我们在认识事物(客体)时可以脱离事物(客体)的具体形式,高度抽象和逻辑化地展开讨论,获得更高的确定性。数量化更是一种科学的认识观,从概念、逻辑、过程到结果,环环相扣,可以留待不断地检验,求得真理。

2. 数量化方法

数量化方法是借助于数量,对客体现象和显性事物进行更抽象表达。虽然这种表达在与现象的交互中仍是感性的、直觉的,但经过了知性的提取和转换,这些概念已经变成抽象的符号,达到了理性的高度(在康德的观点中,数量的产生,使感性现象上升到形而上的范畴,采用的是综合判断方式,属于先验的、纯粹理性的范畴),从而脱离具体的客体而存在,因此可以说数量化是更高理性层面的认识。

狭义的数量化方法是由统计学数量化理论①发展而来的一种将"非量的指标"(即并非"量的指标",或者说指标中既包含"量的

---

① 数量化理论的基本思想是:按一定原则将"质的指标"转化为"量的指标"再进行处理。为了方便,一般将"质的指标"的说明变量称为"项目","项目"的多个质性称为"类目","类目"可按照规则(如赋权办法)转化为"量的指标";同样,在考察的问题中如说明变量既存在"质的指标",又存在"量的指标",那么"量的指标"也可以按一定规则转化为"质的指标",如量值通过分段以"质的指标"的类目形式标出。

指标",也包括"质的指标"的情况)转换为"量的指标"进行统计分析的方法。因为在多变量数理统计中,常常会碰到说明变量或目的变量并非"量的指标"的问题,为了处理这些变量之间的关系,需要通过将"非量的指标"转换为"量的指标"来统计分析。由于能够将"非量的指标"转化为"量的指标",所以数量化方法或者数量化理论对于变量的分布不做任何要求,变量间的关系也不限定为线性关系,指标类型也可以多样,这样就适应了对各种经营管理活动进行统计分析的需要,在其他自然科学和社会科学中也可以广泛应用。数量化方法可以按照处理问题和指标类型的不同,分为数量化Ⅰ、Ⅱ、Ⅲ、Ⅳ型四种类型。

本章所说的数量化方法概念是广义的数量化方法概念,是指可以采用统计或数学计算方式来抽象并进行运算的所有方法,包括数量化理论中指出的Ⅰ、Ⅱ、Ⅲ、Ⅳ型方法,也包括测量法、统计法、数学方法等。

3. 管理的数量化方法

管理的数量化方法是与管理的质性方法相对应的一种方法。

传统上,"质性"管理方法在人文领域更加普遍,如案例分析,通过对特定个案进行剖析,找出事物变化的脉络和机制,以供借鉴。还有访谈、内容分析、行为研究等其他质性方法。

质性方法通常更侧重于描述,感性成分较多,也更有弹性。不过,采用质性方法进行描述时,也会牵涉量的水平,只不过由于没有准确的尺度,因此在描述时就发展为一些笼统的说法,如"大概""差不多""在某位置前后""在某某水平上下(左右)"等,这些质性表达方法中粗略的量的概念一方面可以起到某种程度相关量的描述,同时演绎空间较大,不易让接收信息的对方把握。当然,这种模糊有时也是文化含蓄性的一种体现,好处是可以包容更多不同群体对管理问题的不同看法。

　　管理的数量化方法(或数量化方法的管理)是以量化手段为基础的管理方法,该方法可以用在人员管理、事项管理、流程管理的各个方面,事项管理的量化方法可以贯穿事前、事中、事后全过程,既包括用在事前对问题的认识研判上,也包括用在事中对问题的分析处理和过程优化上,还可以用在事后达成的结果呈现上。

　　管理的数量化具体方法有很多,一般地可以分为统计学分析方法、运筹学分析方法、系统科学分析方法、计量经济学分析方法和数学分析方法五大类。在实际管理中,五类数量化方法既可能单独使用,也可能综合运用。比如,六西格玛方法以统计学分析方法为主,其中也贯穿了系统科学分析方法、计量经济分析方法和数学方法等;精益生产方法则以运筹学分析方法为主,其中加入了来自系统科学、统计学中的分析方法,这样可以充分发挥各种方法的自身特点和优势。因为虽然管理的重心在过程,但是管理的好坏优劣标准最终不是看过程,而是看结果。数量化管理本身的目的是为了实现比质性化管理更好(更有效、更精确)的结果。总之,无论采用什么方法,只要能够帮助我们实现目标,就是最好的方法。

　　但日常我们所见所知的大多数是没有数字的物和事,因此管理的数量化方法首先遇到的是如何将管理中的管理信息转换为可以用科学计算方法进行处理的数据问题。

　　广义上说,一切信息都由数据构成。一个完整的信息可以用一个数据组来表示,大规模的数据对象构成的"数据集"可以包含更加丰富多样的信息。反映各种信息的数据一般分为三种基本类型,即结构化数据(遵循一个标准的模式和结构,以二维表格的形式存储在关系型数据库里的数据)、非结构化数据(不遵循统一的数据结构或模型的数据,如文本、图像、视频、音频等,不方便用二维逻辑表来表现)、半结构化数据(有一定的结构性,但本质上不具有关系性,介于完全结构化数据和完全非结构化数据之间的数据)为了便于使用数量化方法,半结构化和非结构化数据需要先转换成结构化数据才能进行运算。

4. 应用管理数量化方法的步骤

应用数量化方法从"量化"开始。美国管理学家 H·詹姆斯·哈林顿认为[30]"量化管理是第一步,它导致控制,并最终实现改进。如果你不能量化某些事情,那么你就不能理解它。如果你不能理解它,那么你就不能控制它。如果你不能控制它,那么你就不能改进它"。

(1)测量与量化。量化离不开测量。测量是运用一套符号系统来描述某个被观察对象的某种属性的过程,具体来说这套符号系统必须以数字的形式呈现某个属性的数量,同时又能以分类的模式界定被观察对象的某种属性或特质是属于何种类型。测量是量化的一个具体步骤,测量先要确定一个度量标准,在一把统一的量尺下获取确切的数量;测量也包括把不同"质"性的对象转化成为"量"的多少来计算和比较。在这种情况下,我们必须事先规定什么"质"性的对象应该对应什么"量",然后才能转化。

量化数据既包括连续型数据类型,也包括离散型数据类型,测量尺度既包括等距尺度、比率尺度,也包括名义尺度和顺序尺度。其中,名义尺度的数据只表示一种现象、特质或种类,如性别"男"或"女",可以用数字 1、2 来表示,也可以用 0、1 来表示。名义尺度只是表示类型,可以在运算时以"是或否""A 或 B""等于或不等于"来判断,而不是做加减乘除。顺序尺度也是类别的概念,但是这个类别在名义尺度基础上增加了顺序关系,即大小关系,所以在运算时除了可以和名义尺度一样进行"是或否"的判断,还可以用"大于"或者"小于"来判断,顺序尺度所测得的数字虽具有顺序的意义,但是没有特定的单位,数字也没有数学逻辑运算的功能和意义。假如把管理层列为"1"类,中层管理列为"2"类,"员工"列为"3"类,则在管理能力的要求上,1类大于2类,2类大于3类;当然也可以倒过来把高层管理者认为是"3"类,然后依次是2类和1类。等距尺度的测量则是在顺序尺度基础上能够反映程度特性的测量,数值和数据既具有分类、次序,也有差距的意义,如温度计测出的50℃,就比40℃高,而70℃除了高于50℃以外,还有程度上更高的概念。这个概念由于存在相对"零"值,所以测量的结果是可以进行数学运算的。如进行平均值运算,由于等距尺度不存在绝对"零"值,其测量结果就不能进行"乘、除"运算。最后一种类型的测量是比率尺度测量,由于存在一个真正的"零"点,如经历的时间,所以我们可以以"0"为基础开始计算,因此这类测量得出的数据除了具有等距测量数据的特性,如逻辑比较、加减运算以外,还可以做乘除运算,是更能深度反映事物客观性的一类数据。

　　表3-4为四类测量方式产生的数据可进行运算的方式,或者说是其数据之间可以建立的相互数学关系。

表3-4　各类测量方法适用的运算类型[31]

测量层次	数 学 关 系			
	= or ≠	> or <	+ or −	× or ÷
名义测量	√			
顺序测量	√	√		
等距测量	√	√	√	
比率测量	√	√	√	√

（2）整理和数据预处理。在进行数量化方法运算之前，测量和量化的数据还需要经历收集、存储、整理和数据预处理的过程。少量的数据收集、存储可以采用直接观察和人工记录的方式，但大量的数据采集和存储则需要充分发挥自动化和系统化的作用。如数据采集中的传感器技术、分布式控制系统、智能检测仪表技术。数据存储则可能需要即时存储模块，而大量数据还需要通过远程传送技术输送到大型存储器、服务器上用于存储。

各种生产数据除了需要收集、存储外，还需要在数据引入模型进行处理前的数据整理和数据预处理。数据整理和预处理的目的：一是为了保障数据得到较为准确的分类；二是辨识与修正异常数据，重点是消除测量设备本身失误产生的异常值、缺失值和噪声数据；三是对采集到的数据进行标准化、归一化，消除异常数据对算法模型的影响；四是按照模型需要，对部分高维数据进行降维。

大量数据的整理和预处理可以用数据清洗、数据特征调节方法，从数据组中剔除异常数据，也可以采用计算机的聚类算法，反过来从含噪声的、模糊的和随机的数据中提取出正常数据。

（3）采用相应的运算模型和算法。数据收集和整理完成后，管理的数量化过程中通常会引用、套用或创建一种运算方法和运算模型来进行研究和分析。管理中最常用的模型和算法是统计分析模型和方法及运筹分析模型和方法。这里给出统计分析中的方差分析、相关分析、回归分析的基本算法。

方差分析主要检验多个总体平均值是否相等的问题，方差（标准偏差的平方）是测量正态分布总体数值离散程度的参数。从提高工作质量和管理水平方面来说，方差越小越好。方差计

算牵涉测量结果总平均值、总测量次数和总方差概念,计算式如下:

$$\bar{x} = \frac{1}{m}\sum_{i=1}^{m} x_i, \ N = \sum_{i=1}^{m} n_i, \ Q = \sum_{i=1}^{m} (x_i - \bar{x})^2$$

相关分析是反映两个变量之间(两个事物之间)关系的一种分析方法。引入相关分析,可以让人们更好地掌握各管理工作中的内在联系。如出现问题的主次关系,现象和本质的关系,问题原因和结果的关系等。相关分析主要通过计算两组数据之间的相关系数来获得。如以 r 代表相关系数,则当 $r > 0$,表示两组数据之间存在正相关联系;若 $r < 0$,表示两组数据之间存在负相关联系;若 $r = 0$,则表示所观察的两组数据不相关,$|r|$ 越接近 1,表示相关性越强,通常 $|r| > 0.75$ 时,认为两个变量有很强的线性相关性。相关系数 r 的计算式[32]如下:

$$r = \frac{\sum (x_i - \bar{x})(y_i - \bar{y})}{\sqrt{\sum (x_i - \bar{x})^2 \sum (y_i - \bar{y})^2}}, \text{或}$$

$$r = \frac{\sum x_i y_i - n\,\bar{x}\,\bar{y}}{\sqrt{\left(\sum x_i^2 - n\,\bar{x}^2\right)\left(\sum y_i^2 - n\,\bar{y}^2\right)}}, \text{式中} \bar{x} = \frac{\sum x_i}{n}, \ \bar{y} = \frac{\sum y_i}{n}$$

回归分析则是观察的数据与已有(选定)的模型(包括简单线性回归、多元回归)之间拟合效果的一种分析,即检验数据与想要的模型之间是否存在高相关性,也可以说是相关性研究的扩充。通过回归分析,不仅可以解释现有数据的规律,同时也可以预测未来发展的趋势。如回归分析用相关指数 R^2 表示,则 R^2 越大(越接近于 1),模型的拟合效果越好;R^2 越小(越接近于 0),模型的拟合效果越差。在实际应用中,为了选择更加有效的模型,通常将数据与多个模型进行回归分析对比,选择 R^2 更大的回归模型。R^2 计算式为

$$R^2 = 1 - \frac{\sum (y_i - \hat{y_i})^2}{\sum (y_i - \bar{y})^2},$$

式中,$\bar{y} = \dfrac{\sum y_i}{n}$,$\hat{y_i}$ 为回归模型中对应的值。

(假设回归函数为一次函数,回归方程为 $\hat{y} = ax + b$,则 $\hat{y_i}$ 为对应 x_i 的计算值)

以上是对三种最常用的统计模型方法的介绍。除了已有的模型外,特定的、复杂的管理问题还需要单独建立运算和分析模型。另外,随着计算机技术的发展,套入各种模型和算法的计算过程都已经可以由计算机替代,不仅能直接给出计算结果,而且还可以绘制出图形化的界面供管理者使用。

(4) 管理决策和实施推进。通过数量化方法进行管理的最后、也是最重要的步骤是对量化计算进行解读和分析,以做出正确的判断和管理决策。

在这里特别需要引起注意的是,虽然有了量化计算的结果,但是量化计算不能代替管理者逻辑化的判断和决策,更不能代替管理团队集体对问题的共同研判。管理决策通常会结合数量化方法获得的结果和模型化方法确定的方向来确定,也会结合对数量化方法的解读与头脑风暴、思维拓展的路线形成方案。数量化方法作为管理的一种方法本身并不是完美的。一是因为模型化和量化计算通常都是对管理问题的理想化和简化,并不能考虑到管理问题的所有方面,特别是潜在因素方面;二是运算结果虽然具有客观

性,并且可能是唯一的,但解读可以有多个视角,因此要通盘、全面地看待;三是量化运算中变量的选择和数据的收集本身具有主观性。比如在进行相关系数计算中,任何给定的两组数据都能通过相关系数计算得到相关性水平,但数据计算本身并不能告诉我们它们之间的相关性代表什么含义,是因果关系、相继关系还是同等并发关系,或者只是一种偶然关系。再比如,由于管理是一门实践科学,因此管理的实践性至关重要。理论上,给定一组数据,采用回归方法可以获得一个非常准确的高阶函数模型,但是这种模型放在实际管理工作中却是不可行的,管理的精髓在于足够简单,这不仅在于管理实施的成本问题,更牵涉到组织和组织中的群体是否能执行的问题。

因此,不难看出,数量化的管理方法本身也需要一个完善的流程配合,这样才能统合数量化的优势,才能弥补数量化本身无法确定问题、无法给出解释、无法直接参与管理的问题。如六西格玛管理的改进流程需要由 DMAIC 五个步骤组成。在 D 阶段,要定义好问题,确定存在怎样的问题,问题的哪个方面是可以采集和收集到数据的;在 M 阶段,要确定测量问题的尺度,获得反映问题的各种数据,了解问题的严重程度;在 A 阶段,要分析问题的来源,问题之间存在怎样的相关性,解决这些是采取各个击破还是采取共同推进的策略;在 I 阶段,既需要通过决策快速将改进措施投入管理实际中去,也需要研究在实施中到底需要哪些资源,需要怎样的团队,需要哪些行动的策略;最后在 C 阶段,虽然改进取得了一定的成果,但是还要反馈至量化分析中,看这种改进对整个管理问题改进带来的影响,看这种改进的效果是否能够持续,看这种改进对整个管理系统所带来的影响,从而采取相应措施。常用的量化管理方法如表 3-5 所示。

表 3-5　常见的量化管理方法[33]

序号	方 法 类 别	具 体 方 法 名 称
1	统计学方法	数据统计描述
2		参数点估计和区间估计
3		假设检验
4		方差分析
5		列联表分析
6		相关分析
7		回归分析
8		聚类分析
9		主成分分析
10		因子分析
11	运筹学方法	线性规划
12		数据网络分析
13		目标规划
14		动态规划
15		存储论
16		排队论
17	(计量)经济学方法	成本收益分析
18		计量经济学模型
19		(凯恩斯模型—商品和货币市场)IS-LM 均衡分析模型
20		可计算的一般均衡模型(CGE)分析
21	系统科学分析方法	层次分析法(AHP)
22		决策分析

续 表

序号	方 法 类 别	具 体 方 法 名 称
23	系统科学分析方法	博弈论(对策分析法)
24		预测技术
25		德尔菲法
26		蒙特卡洛法
27	数学分析方法	计算机模拟与仿真法
28		指数构建法

参考文献

［1］芮明杰.走向 21 世纪的管理学［J］.管理科学学报,1998(04).

［2］刘蔚华.方法学原理［M］.济南：山东人民出版社,1989.

［3］中共中央马克思恩格斯列宁斯大林著作编译局.马克思恩格斯选集(第3卷)［M］.北京：人民出版社,1972.

［4］顾基发,高飞.从管理科学角度谈物理-事理-人理系统方法论［J］.系统工程理论与实践,1998(08).

［5］黄速建,黄群慧.企业管理科学化及其方法论问题研究(上)［J］.经济管理,2005(20).

［6］周三多,陈传明,贾良定.管理学——原理与方法［M］.上海：复旦大学出版社,2014.

［7］斯科特.制度与组织——思想观念与物质利益(第 3 版)［M］.北京：中国人民大学出版社,2010.

［8］亨廷顿.变化社会中的政治秩序［M］.北京：生活・读书・新知三联书店,1989.

［9］康永久.教育制度化：概念的厘定［J］.当代教育论坛,2002(09).

［10］刘迟.制度理论溯源、定义及类型探析［J］.社会科学论坛,2010(06).

［11］诺思.制度、制度变迁与经济绩效［M］.杭行,译.上海：格致出版社,2014.

［12］刘林,赵芸.制度化的定义和判断标准［J］.中国管理信息化,2013,16(16).

[13] 郁建兴,秦上人.制度化：内涵、类型学、生成机制与评价[J].学术月刊,2015,47(03).

[14] 李小红."去制度化"问题研究——基于风险社会理论的启发[J].南京社会科学,2011(11).

[15] 德鲁克.德鲁克管理思想精要[M].北京：机械工业出版社,2016.

[16] WEI J H, CHAN T C, LUO Y J. A modified oddball paradigm "cross-modal delayed response" and the search on mismatch negativity [J]. Brain research Bulletin, 2002, 57(2).

[17] 阿恩海姆.艺术与视知觉[M].北京：中国社会科学出版社,1984.

[18] 傅世侠.关于视觉思维问题[J].北京大学学报(哲学社会科学版),1999(02).

[19] 麦金.怎样提高发明创造能力——视觉思维训练[M].大连：大连理工大学出版社,1991.

[20] 潘云鹤等.计算机图形学——原理、方法及应用[M].北京：高等教育出版社,2001.

[21] 柿内幸夫,佐藤正树.现场改善[M].北京：东方出版社,2011.

[22] 今井正明.现场改善——低成本管理方法的常识[M].北京：机械工业出版社,2013.

[23] 布斯洛娃.模型化方法与模型的认识功能[J].王续琨,译.世界科学,1982(05).

[24] 王铁林.认识模型与认识的本质[J].江汉论坛,1989(02).

[25] 李时彦.模型与模型化方法[J].哲学研究,1984(09).

[26] 克劳斯.从哲学看控制论[M].北京：中国社会科学出版社,1981.

[27] 孙小礼.模型——现代科学的核心方法[J].哲学研究,1993(02).

[28] 盖建民.模型与现代科学认识[J].福建师范大学学报(哲学社会科学版),1991(04).

[29] 赵国庆,黄荣怀,陆志坚.知识可视化的理论与方法[J].开放教育研究,2005(01).

[30] 林海.生产流程管理细化量化与过程控制[M].广州：广东经济出版社,2009.

[31] 邱皓政.量化研究与统计分析[M].重庆：重庆大学出版社,2009.

[32] 王祥之.回归分析中相关系数和相关指数的概念剖析[J].数学学习与研究,2017(12).

[33] 刘国翰.浅议公共管理研究的方法论体系建设[J].才智,2012(20).

第四章

管理成效

管理者应把眼光集中在贡献上……如果能着眼于贡献,那么他所重视的……更应当是"目标"和"结果"。

管理是一种实践,其本质不在于"知"而在于"行";其验证不在于逻辑,而在于成果;其唯一权威就是成就。

——彼得·德鲁克[1]

第一节　将目标转化为结果

管理与人生不同,人生重要的是过程,而不是结果,因为从本质上讲人生的终点和起点没有区别。但是管理正好相反,管理注重的是结果,而不是过程,因为无论过程多么精彩,没有结果是不会得到社会(客户)认同的。

因此,作为管理者要重视对外界(指管理者自身所处组织之外,包含企业内部与管理者平行的上下游内部客户、企业外部终端顾客,也包括中间商顾客,涵盖了"企业对最终客户"和"企业对企业"两个范畴的客户)的贡献,管理者并非为工作而工作,而是**为成果而工作**。管理者不要接到工作就一头钻进去,而要学会问"别人期望我有什么成果"这个问题,因管理的内部性成效是需要通过外部性成果来进行检验的。

千万不要混淆目标和结果。目标是理想,是前进的航标;结果是现实,是已经到手的果子。有人说,从目标到结果,考验的是执行力。笔者认为,这个说法仅在这个团队只有"罗文"(《致加西亚的信》中的主角,代表超强的执行力)一个人时是对的,考验的确实是执行力;但作为一个由众多组织成员构成的团队而言,其实真正考验的是管理者的管理力;可以进一步说,是看管理者如何带领团队进行奋斗的能力。这其中包括凝聚团队的能力、任务分工的能力,也包括对方向把控、对进度管理、对结果控制的能力。这个奋斗过程在外界看来是个黑匣子,但对于管理者而言,正是真正应该掌控的地方。可以这样说,过程优秀不一定能获得优秀结果,但持续的优秀结果一定是有优秀的过程作为支撑和保证的。

更重要的是,不能把任务和结果等同,要把任务和结果严格区分。任务不仅不是结果,而且往往是结果的敌人[2]。满足于完成任务,有了苦劳,但如果没有为企业提供有价值的成果,还是无法帮助企业生存与发展,因此没有功劳的"苦劳"对企业是毫无意义的。在工作中,人们往往容易把"完成任务"等同于"实现结果"或"达成目标"。如果这项工作只有一个环节,只需一个人一个步骤完成,基本上可以说"完成任务"就等同于"实现结果"或"达成目标"。但组织开展的工作绝对不会简单到只有一个环节,更不会只是一个人采取一个步骤就能达成,所以"完成任务"与"实现结果"(或达成目标)之间就有了巨大的差别,因为个人"完成任务"可能不产生任何结果,个人的任务只是整个过程中的一个环节而已,这个环节是否能产生好的效果在很大程度上除了个人"完成任务"本身的质量外,还取决于系统整体的配合度,取决于其完成的时间点。一句话,"完成任务"≠"实现结果"!

那么,该如何来认识结果呢?如果只用一条标准来看待,可以说,认识结果的唯一角度是客户视角。作为管理者,最重要的是始终要对具有外部性特征的结果负责,对工作是否对客户产生价值负责,对结果是否与计划中的目标相一致负责。因为目标是你带给客户的承诺,这个目标需要用有价值的成果来兑现,这个有价值的成果的衡量方法就是你是否带来了客户愿意接受的"交付"(deliverable,标的,或交付物),就是提供有质量、有价值的交付。更进一步,就是企业组织能够持续[持续就需要员工之间的接力,就需要士气(morale)、安全(safety)、服务(service)作保证,这三者简化为 MSS 三要素]不断地实现有质量、有价值的交付。归根到底就是 Q、V、D、M、S、S 六个要素,归纳为 QVD 或 QCD(从用户的角度,价值 V 往往反映为获取价值的成本,即 cost,因此 QVD 演变为 QCD)和 MSS(由于服务也称为产品或产品的要素,因此 MSS 也可将 service 省略,变为 MS)两组指标。

第二节　用 QCD 衡量可交付的成果

什么样的成果才是"可交付的成果"?

从产品生产的角度来看,产品为"有形的物",是可交付的成果,这一点不容置疑,这种交易方式已经延续千年。但今天,随着服务业占比越来越大,除第一产业的初级产品、第二产业的工业产品外,第三产业的服务产品逐步成为交易的中心,因此如何界定新的"交付"概念是一个重要命题。当然,成果的概念不只是单纯的"交付"和"交付物"的问题,还附带有其他要求,比如质量和价格以及交付时间的问题。

所以提到成果的符合程度一定要站在客户的角度,可以做一个这样的类比,你对自己的供应商向你交付的"原料"有什么要求,那么你的客户也会对你供给的交付成果(交付物或交付标的,加交付时间)有这些要求。所以换位思考,"交付"的要求实际上是由客户决定的,你作为供应商要满足什么要求,只要把自己换到客户的角度,按照对供应商管理的思路思考就明了了。"交付"管理实际上是[3]"为了客观、公正、科学地反映供应商供应活动的运作情况而建立的与之相适应的供货商绩效考核准则体系"的一部分,其关键评价指标为质量、价格(从企业本身出发,表述为价值)、交付水平(指能提交的交付物或交付标的,加及时性,两者综合),简称 QCD 或 QVD。

1. QCD 概念

QCD 是质量、成本、交货期（交付时间）的简称。Q：Quality，即质量，是让用户买到耐用的、无故障的、美观的、高品质的产品。C：Cost，即成本，是指用最少的资金生产出具有优良品质的产品，使其在市场上具有高的性价比，具有强的竞争力。D：Deliverable，即交付水平（包括交付物或标的，和交付期或交付时间），是让用户能随时（即时、准时）买到满意的、品质优良的、价格实惠的产品（即高价值的交付物和交付标的）。

QCD 作为衡量供应商的供应水平的指标，可以追溯到日本企业界对自身生产改善活动的最初阶段，因为生产型企业面临的主要竞争手段是质量、成本、速度的竞争，QCD 可以说是一种针对生产全过程、全员参与、有效益，以保证企业年度计划实现为目标的现场作业持续改善过程[4]。

生产型企业除了关注质量、成本、速度的竞争外，其产品的售前、售中和售后服务水平也是顾客选择的一个重要考量，而 B 端客户（指企业客户）对服务的要求则可能会扩展延伸到诸如产品设计、定型等更广的范围，特别是战略合作型供应商与客户企业的关系尤为紧密，因此，服务也是一个重要的供应商衡量指标。鉴于此，把 QCD 扩展到 QCDS，即品质、成本、交付期、服务，这套指标简单而直接地描述了客户对一产品的所有要求和期待。当然，作为服务的普遍性，我们通常也经常把"服务"（S）融入"交付"（D：delivery 或 deliverable）特性中去（或者作为对"人"的要求，而不是对"物"的要求），因而仍可以 QCD 来表示产品需求特性。

2. 质量标准——高质量交付

在 QCD 中，Q 是基础。只有产品的质量符合客户的要求，客户才会购买企业的产品,质量是产品的生命,也是企业的生命。但是对于"质量"这样一个重要的概念,其定义实际上并没有定论,质量的含义随着质量专业的发展和成熟而不断地演变,从一项对公司经理关于质量定义的研究中发现,有关质量的定义至少有数十种。归结来看,这些定义来源于对"质量"问题的五个不同观察视角[5]形成的五种观点。

第一种是基于评判的观点,也是基于比较的观点。这是关于质量的一种较为普遍的认识。质量是优异或卓越的同义词,高质量则是非常好和非常优秀的含义。这种认识并不牵涉产品价格、成本,而是人们对"美好"事物和"完美状态"的向往和追求。从人们对质量的认识分析来看,质量具有相对性,质量总是相对于同类商品(使用目的相同)的不同个体而言的,因而,它是一个比较的范畴。质量并非商品本身所固有,而是人们评价商品使用价值的一种尺度[6]。

第二种是基于产品的观点。这一观点反映同一种产品在某种特定特征上的量的差异(或产生新的特征)。如增加了某些特征量的水平使产品的某项指标更加优越或更加好(隐含的假设是产品特性的较高水平或较高数量,对应的就是较高的质量)。但这种观点并未在可靠性水平上进行区分,因此通过增加成本投入而增加某个特征量的水平,或增加一个新的特征形成的产品实际上在"产品的概念"上已有所不同,其结果可能带来的结果是价格更高,却不一定可靠性更好。

第三种是基于用户的观点。这个观点是基于"质量是由顾客的要求来决定的"这一假设。因此,不同用户、不同顾客说的"质量"内涵是模糊的,无法等同。判断"质量"高的唯一标准是"相对于客户预期用途的适用性和得到后获得的满意程度",符合特定客户预期适用性或者说效用的高"质量"。

第四种是基于价值的观点。可以说,这是在竞争产品中采用顾客让渡价值水平(顾客让渡价值=顾客感受到的价值-支付的成本)所做的比较。高质量或优质意味着要么与竞争产品具有同样的有用性而售价更低,要么在同样价格下提供了更多的有用性或满意度,即在顾客感到价值不变的情况下,支付的成本(主要是价格)越低,则"质量"越高;或者在支付成本不变的情况下,顾客感到的价值越高,则"质量"越高。也可以说质量是"性价比"的反映。

第五种是基于生产的观点。这是"质量"一词的最初含义,也是休哈特质量定义[7]所说的客观性一面,即指"产品可测量的物理特性",主要用于表达工程和制造活动的预期产出。这种"质量"概念的代名词就是"符合规范",符合产品或服务设计时所确定的目标范围,且质量越高意味着偏差度(公差)越小(围绕目标规范的集中度越高)。

以上对五种不同的"质量"观点进行了阐述。除此之外,还有把质量作为"对工作方针和程序的严格执行""始终获得一致性""浪费得到消除和减少""交货速度快""每次都能把事情做好""能够让顾客得到惊喜和愉悦"等范畴来定义的,融合关于"质量"的一系列不同的认知,可以通过层次分析的方法来对"质量"进行一个归纳。

我们所称的"质量",或者说"高质量的交付"应该是一个可以渐进的多重含义的集合。

第一重含义是从以客户为导向、从客户需求出发定义的高质量,也是市场营销中的高"质量"概念。即产品和服务需要以"满足客户需求和客户预期,有客户需要的适用性"为基础,并且力争在部分特性的量上超越顾客期望。第二重含义是产品和服务设计人员需要将客户期望和顾客之声转变成企业能够实现的特性,以可测量和可衡量的规范来形成规范化的生产和服务流程。第三重含义是将这种可测量和可衡量的质量标准和规范融入生产和服务中,通过持续改进活动,以提升管理效能、效率和减少浪费的方式实现最低限度成本的生产和服务供给,从而提高顾客让渡价值,在价值上被感知到高质量水平。

以上三重质量含义组成"质量"概念的整体,其内核是稳定可靠的价值水平,质量的持续反映是可测量、可衡量的,是融入生产和服务中的,持续提高质量标准和规范,其表象或表现为客户是否满意和认可,是否满足客户需求或超越顾客期望(见图4-1)。

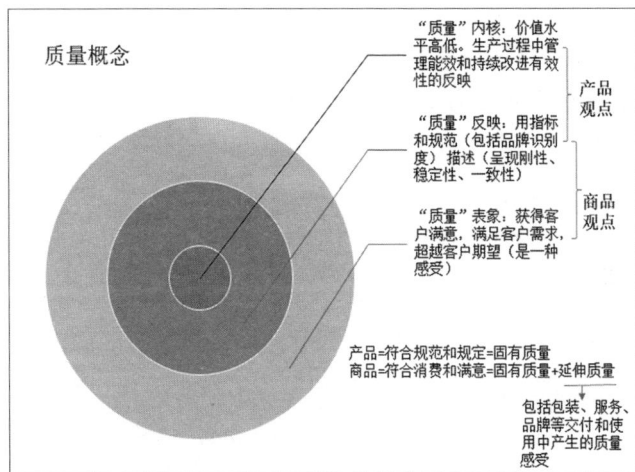

图4-1 质量概念的三重内涵

谈到质量标准,还有一个必须要提到的质量定义,那就是关于**国际标准组织**(International Organization for Standardization, ISO)**的质量定义。**

ISO9000对质量的定义一直在不断进化中,总体来看,质量的内涵越来越宽泛。1986年版和1994年版 ISO9000 的质量定义比较接近,认为质量的内涵是"满足需要能力的特征和特征的总和"(1986)和"满足需要的能力特征的总和"(1994)。这两个定义相对而言更侧重质量的内部性,或者说更注重"实体",即"产品"和"服务"本身的特征参数和标准。2000年版定义转化为"一组固有的特性满足要求的能力",这个定义与之前的定义有较大的变化,既"最大程度包容了诸多学者关于质量的定义"[8],也是"将顾客满意从原'质量'定义中分离出来,使质量价值观的内容更加丰富和完善"[9]。在这个定义中,"固有的特性"和"要求"的范围是广泛的,这些特性概念既包括"产品"的特性,也可以扩展到"服务"和"顾客"的特性,甚至包括"过程"和"价值交换"、"环境保护"和"安全"方面的特性。这使得质量的载体(产品、体系或过程等)具有广泛性的同时,质量满足需要或要求的目的也具有确定性,特别是需要或要求的主体(顾客、社会和相关方)具有社会性[10]。

在此基础上,ISO9000 的 2015 年修改版将质量从定义转为概念描述。有三句话,"质量促进组织所关注的以行为、态度、活动和过程为结果的文化,通过满足顾客和相关方的需求和期望实现其价值;产生组织的产品和服务质量取决于满足顾客的能力,以及对相关方有意和无意的影响;产品和服务的质量不仅包括其预期的功能和性能,还涉及顾客对其价值和利益的感知",这个描述将技术方面的质量概念(研究产品或服务与一组可量化的技术指标的符合程度,即技术的符合性)更加弱化,社会角度的质量概念则不断增强。其中特别表明质量还是一种"文化"的概念,质量也是"价值"实现的概念,可以说这不仅回应了丰裕社会(买方市场)的质量特征,还对质量的社会化特征以及各种新文化(包括网络、新媒体)对人们质量观的影响进行了阐释。

3. 成本与价值——低成本交付

QCD 的第二个要素是成本。

从客户的角度来看,客户并不关注生产成本,而是关注价值,或者说是关注与价值相匹配的成本(价格)。相反,企业更关注的是与市场相比较的成本,更进一步来说,是与市场能够提供的同类产品相比,在整个研发、生产、销售、服务链条上(产品价值链)的总成本,也包括前端供应链的成本,因为企业市场竞争力本身必须包含与市场和客户相关的全部要素。而今天,随着绿色发展的理念深入人心,成本概念也更加广泛,成本不仅包括研发和生产成本,还包括使用成本和社会成本,即成本概念是一个包括产品销售、使用、维修、回收、报废等环节在内的全生命周期成本。

那么成本是什么呢?可以说,成本既是一个专业化概念,也是一个通用的概念。从会计意义上来说,成本是一种耗费(或费用、代价),是对象化了的费用[11]。这是从生产产品的角度进行的分析,成本是指固化在产品和服务中的特定消耗,不包括整个企业维持日常活动所支出的被称为费用的那部分(通常财务中的费用定义为企业为销售商品、提供劳务等日常活动所发生的经济利益的流出),一般企业财务制度将成本与费用是区分的。但从整个企业的外部性来看,无论成本还是费用都表现为一种流出,所以两者可以合二为一,cost(可以用成本或代价的概念)就是一种支出,即经济利益量的减少。支出的形式可能是现金,也可能是其他资产,甚至是负债的增加等。当将这种减少的经济利益分解到企业的一个特定目的(一件产品、一项服务、一项设计、一个客户、一项作业等)时,它就是为该特定目的而发生的成本,这是成本更广义的概念。

可以进一步把这个关于成本的概念引入与客户相联系的

QCD 概念上。可以说,成本(cost)就是为了获取客户价值(反映在客户购买价格上)这个特定经济目的而发生的(包括将要发生的,如与产品与服务捆绑的使用成本,承诺的未来可能兑现的额外服务成本等)合理的、必要的一切支出或经济利益的总流出(量)。流出的形式既可能是支付现金,也可能是消耗或转让除现金以外的资产(资产或资本性支出中的折旧和分摊),还可能是提供劳务、承担债务,甚至是发行股票等,支出的结果既可能导致资产、所有者权益的减少,也可能导致负债的增加[12]。

成本反映为支出或经济利益的总流出量,因此流出量越小对企业越有利。在获取客户价值不变的情况下,从企业的角度来看,成本越低越好,即企业应该通过优化和改善的方法不断实现更低成本的交付。反过来也相同,在以更大流出量代价作为成本的情况下,能够获取更大超额价值能力时(如增加 10% 的成本,客户价值或市场价格水平将提高超过 10%),成本将不成为限制性因素。

4. 交付

交付是源于法律的词汇,交付本身既是企业生产全过程的一个节点,也是企业与客户(或客户企业)之间契约履行和标的转移的表现。交付有将客体(交付物、交付标的)转移现实控制和变动所有权的双重含义。在《物权法》中,交付[13]是指"移转占有,将自己占有的物直接移转与他人或以其他替代方式如移转所有权凭证而发生所有权变动的事实行为"。广义上的交付包括现实交付和虚拟交付(或观念交付、象征交付,包括简易交付、占有改定、指示交付等形式),而交付的客体范围也包括动产(财产)、不动产、虚拟财产、观念权利和特殊的可商品化人格权益等多种形式[14]。

QCD 中的 D 既有将实物商品(动产)移转给客户的行为,也包括移转给客户的时间要求,还有对非实物商品进行移转时的交付标的如何进行交付的问题。

　　按照对供应商在交付方面的要求,现实交付的评价准则主要包括准时交付率(ODR-on time delivery rate)及反应、交付周期(DT-delivery time),其中交付周期是指从企业接收订单时间至向客户交付时间之间的周期。当然为了满足客户需求可能变化的要求,交付周期和及时性的确定还会受到产品研发周期、新产品引进计划及周期的影响,这些影响最终体现在企业对订单变化的接受度水平上,一般用"订单变化接受率"(acceptable rate for booking change,可以 AR 表示)来衡量,指在双方(企业与客户之间)确认的交付周期中可以接受订单增加或减少的比率。可以说,订单变化接受率是衡量供应商对订单变化做出反应的柔性或灵活性,即交付能力柔性的指标。准时交付率、交付周期和订单变化接受率的计算方法如下:

$$ODR = AD/IB \times 100\%$$

算式中,ODR-on time delivery rate 为准时交付率;AD-actual delivery on time 为按时交付实际批次;IB-initial booking 为订单确认的需交付的总批次。

$$TDT = FDT - FBT$$

算式中,TDT-theoretic delivery time 为理论交付周期(时间);[①]FDT-first product delivery time 为首件产品交付时间;

---

① 　备注:与准时交付率越高越好以及响应时间(反映时间)越短越好不同,虽然理论上交付时间越短,越能体现企业具有更好的生产组织能力,但实际的交付周期并不是越短越好。实际交付周期既取决于企业(供应商)生产组织的能力,也更需要看客户的需求,最佳状态是在其需要的时候准时提供,以免过早引起压仓和资金占用,过晚则导致客户(或下游企业)因缺货影响生产和使用,造成相应损失。

FBT-first booking time 为首个订货时间。

$$AR = \Delta B/IB \times 100\%$$

式中,AR-acceptable rate for booking change 为订单变化接受率;ΔB-booking change 为订单的变化数,即订单增加或减少的交货数量;IB-initiative booking 为订单原定的交货数量。

值得注意的是企业(供应商)能够接受的订单增加接收率(+,正值)与订单减少接受率(-,负值)一般并不相同,订单增加接受率取决于企业(供应商)生产能力的弹性、生产计划安排、反应柔性和企业安全库存的大小以及状态;订单减少接受率则取决于供应的反应、库存量以及因订单减少带来的损失的承受和消化能力。

关于非实物标的交付的问题,随着网络发展以及知识产权产品的增多,这类交付的规模快速增大。非实物标的交付可以参照实物交付的思路进行设计,也可以按照"占有改定"[①]"指示交付"[②]等形式进行交付。

象征交付就是参照实物交付思路设计的方法,约定用象征物的交付来代表标的的交付,这一类交付也称为虚拟交付。"占有改定"和"指示交付"交付方法通常都是让客户(受让人)取得对交付(标的)的间接占有,在知识产权产品方面,这种占有除了对所有权的授权移转外,通常对使用权的移转更加普遍。

归纳而言,成果的交付是企业目标实现的重要环节。现代企业生产采取客户(订单)拉动式,以交易契约为基础开始,以实现客户满意为目标,在整个流程中,交付是最重要的节点和权利、责任

---

① "占有改定",指依照当事人之间订立的契约,使受让人(客户)因此而取得对标的的间接占有。(史尚宽:《物权法论》,中国政法大学出版社,2000)

② 同上。

分界点。交付不仅是生产能力、生产效率和生产成果的体现,而且在法律意义上将交易双方的权益做了有效的切分,因此交付方法和交付确认记录是除准时交付率、交付周期和订单变化接受率之外的关键指标。

第三节 持续获得高绩效
成果的核心动力

　　企业经营的实践是连续性的。QCD 成果衡量的只是企业当期服务客户的能力和交付水平的高低,那么如何评估其长期交付成果的能力呢? 这个问题仁者见仁,智者见智,有各种各样的答案和答案的组合。为了进一步细化考察长期交付成果能力,可以按照"物"与"人"的分类方法把交付成果的能力分为两大方面,第一方面是"物的水平",第二方面是"人的能力"。这样分类,发现短期成果交付主要考察交付物本身的水平或"物的水平"(用 QCD 指标),而长期成果交付主要考察能够持续生产这些交付物的"人的能力",这个能力应该包括士气(morale)、安全(safety)、服务(service)三个方面,即 MSS 指标。

　　由于服务已经成为一类产品或作为产品的一部分高度融入产品中,长期的服务与短期服务在标准上并无区别,重要的是坚持,这里不再另论,本节主要讨论安全、士气两个要素。

1. 安全

　　安全,是人类开展生产活动的最低要求,没有安全,就没有人类的延续,更谈不上发展。所谓安全,通常是指不受威胁和避免危险；更准确地说，安全是指"在一定时空内（理性）人的身心免受外界危害的状态"[15]。人是安全概念的本质与核心，人的安全既包括人的身体安全，也包括人的心理安全和身体与心理的交互安全性。职业健康或职业卫生包括在人的身体安全和心理安全范围内，但人因自然规律而亡和生老病死属于医学和生命科学命题，而非安全范围内的命题。另外，物的安全问题虽然不是安全概念的中心，但是可表现为给人类间接带来伤害（如环境安全问题）或给与人相关的有价值物质造成损失，从而对人的心理产生影响和伤害。

安全是企业开展生产的先决条件，安全也是企业管理的结果之一。安全作为一种客观的价值存在，其程度和水平可以用"安全度"来衡量[16]。在开展生产过程中，绝对的安全（安全度为 100%）是不存在的，同样也几乎不存在绝对的不安全（安全度为 0%），安全水平总是在 0~1（0%~100%）之间进行调整。由于为保持安全需要付出相应的代价，因此安全目标总是被确定在一个可接受的安全水平范围内，而这个可接受的安全水平随着人类自身环境和条件的改善而不断提高。

不同领域的安全度可以用不同的指标来表述。如：在航空领域，典型的"安全度"衡量指标是"事故率"，包括万时率，百万人次率等；在工厂内，常见的"安全度"衡量指标除了"事故率"以外，更多地用损工率、万工时损工率等来表述。

安全感是主体对自身安全状态的体验及经验性判断。除了客观的安全水平影响外，安全主体本身对于安全的认知能力、敏感性、心理承受能力、情感状态都对安全感产生重要的影响，同时安全感也会受到社会支持和环境的影响。安全感的提升能促进人的心理健康发展，有了安全感才能与他人建立信任的人际关系，个体才能有自信,有自尊,才能积极地发掘自身的潜力,才能有人性及价值的较充分的实现[17]。

安全度会影响人们的安全感,虽然安全感并不直接对应安全度水平,但是安全度确实是安全感的重要影响因素。安全感是对可能出现的身体或心理的危险或风险的预感,以及个体在应对处置风险时的有力或无力感,主要表现为确定感和可控制感。安全度水平提高,可以减少不确定性,从而提升确定感;安全度水平提高也使运行更加稳定,从而有利于提升可控制感。因此安全度提高能够提升人们的安全感。

2. 士气

"士气"顾名思义指"士兵的气势",《辞海》[18]解释为"兵士(或军队)的战斗意志,也用来泛指,如指工作时的精神"。显而易见,"士气"一词来源于军队,《汉书·李广传》中就有"吾士气少衰而鼓不起者,何也"的用法。"士气"概念扩展到企业中来,则是在20世纪20年代末的经济大萧条之后,由于员工士气影响着人们的工作行为和工作效率,也影响企业的工作绩效,所以企业逐步开始重视员工士气,并将员工士气作为企业人力资源状态的晴雨表[19]。

实际上,士气不仅是企业人力资源的晴雨表,也是企业竞争力的晴雨表。对于企业而言,士气代表组织中成员的精神状态和求胜意志,是组织竞争的力量源泉。高昂的士气可以团结组织成员,使每一个组织成员为了实现组织共同目标而求同存异,同心协力[20]。研究表明,有高昂士气的组织成员会有更好的工作绩效,更愿意花费精力、专注力和额外的努力投入自己的工作,并且企业凝聚力和竞争力的提升也有赖于高昂的士气[21]。

那么士气的内涵有哪些呢?实际上,关于"士气"的内涵有多种不同的观点。精神状态观点认为"士气即团队精神",可通过信心、愉快、纪律和乐于执行所分配的任务来展现;个人需求满足观点认为"士气是工作满足的一种延伸",也就是说当个体对工作感到满意时,才有可能产生工作士气;交互作用观点认为"士气是一种参与感",其感觉来自组织工作目标达成及个人需求的满足;组织认同观点则认为"士气是被组织和其团体成员所接受或属于该团体的情感,也就是归属感"[22]。

归纳来说,士气就是一种精神和情感状态。这种精神和情感状态可以反映在员工、团队(或组织)两个层次上:在个人层面上,士气是个人需求的满足,特别是工作满意度和成长需求的满足;在团队(或组织)层面上,士气则是表现在群体的良好互动形成的群体或组织归属感,组织目标达成而带来的骄傲和自豪感,这种精神和情感能够在从事组织规定开展的各项活动中表现为积极性和持久性,进而帮助组织持续有效地达成目标。士气也可以从内涵和外延两个方面表述,士气的内涵为全体成员基于对组织目标与价值观的认同而抱有的一种信念和实现信念的意志,是一种蕴涵于全体成员内心的精神力量。士气的外延则是组织成员基于对组织目标与价值观的认同而表现的信心、情绪、纪律性和执行力。

从这里可以看出,士气不仅是企业竞争力的促进要素,是企业管理达成的成果,而且与组织目标的达成相伴相生。因此,士气既是企业管理的自变量(过程变量),也是企业管理的因变量(结果变量),且该因变量会在下一个管理循环中转换为自变量,周而复始。基于士气作为自变量对提升企业竞争力和达成企业成果的重要性,对士气进行衡量和评价,从而找到本企业士气不足的原因并提出改进方法就十分必要。

综合分析目前的研究成果,士气的测量和评价主要有两个途径：

一是通过士气高低所引发的结果表现进行测量，即从结果出发，推导和关联过程的方法。可用企业经营状况、企业发展潜力、企业人才状况、企业品牌形象等外部指标对比来间接反映士气水平。二是从士气产生的来源来设定测量指标。士气的高低通常与认知因素、情绪因素和行为倾向因素三方面密切相关，这种对企业当前士气水平的测量和评价方法，可以对企业（组织）未来的产出结果进行预测，是企业（组织）管理成效水平表现的先行指标。士气的认知因素包括对组织环境、组织能力，组织目标、使命、愿景、责任的认知和认同；情绪因素包括对组织的忠诚和依恋、对领导的信任、对同伴的团结友爱等，即人际关系水平因素的测量；行为倾向因素则是组织成员个体在实际行动中所表现的包括完成任务的信心和决心、勇敢和顽强的精神[23]，即执行过程中的意愿水平。

影响士气的子因素很多，刘辰等对组织士气管理测评用层次分析法进行了研究和建模，得出组织士气评价的四大维度十三项指标，即认可度、投入度、发展度与和谐度四个维度，职业认可、自我认可、组织认可、基础性投入、增长性投入、兴趣性投入、个人发展努力情况、个人发展机会情况、个人发展实际情况、个人对发展结果的感受、个人—组织关系、组织—组织关系和个人—个人关系十三项细化指标[24]（见图 4-2）。

通过德尔菲方法进一步研究，研究者又得出对士气影响的权重排名靠前的四项指标分别为认可度中的自我认可、投入度中的增长性投入、发展度中的个人发展实际情况及和谐度中的个人—个人关系。一个简单的结论就是：**在发展壮大过程的企业里，有工作能力、有良好人际关系，且取得了组织认可的、有良好实际业绩的个体，其士气水平最高。**

组织士气管理测评指标体系

- 认可度：职业认可、自我认可、组织认可
- 投入度：基础性投入、增长性投入、兴趣性投入
- 发展度：个人发展努力情况、个人发展机会情况、个人发展实际情况、个人对发展结果的感受
- 和谐度：个人—组织关系、组织—组织关系、个人—个人关系

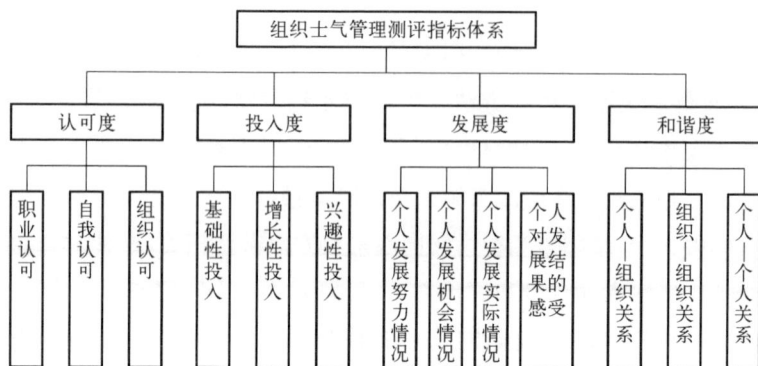

图 4-2　组织士气管理测评指标体系

按这个指标逻辑来研究如何提升和改善士气时，可以得出以下结论：

（1）企业组织必须持续得到发展。我们常说：要在发展中解决问题。发展是硬道理，发展是提升士气的重要办法。所以组织要么处在一个发展的产业中，要么处在产业内有较强竞争力的地位，这是换来高昂士气的基础。

（2）要有能激发个体渴望成功和不断奋斗的愿望。对胜利和成功的渴望最能激发队伍，这里既包括个体因素，也包括组织措施。个体因素是指个体目标是否与组织目标相一致，最低限度为个体对组织的目标要有较强的认同感；组织措施则是指要通过管理者的言行，使企业的目标、愿景、使命能够更好地通过产品和服务、通过员工传递给客户，从而让员工从客户回馈中获得满足感，挖掘力争上游的力量源泉。

（3）要培植彼此信赖、团结一致的组织氛围和战斗团队。选择符合企业价值观的员工，并善待员工。因为信赖才能团结，才能互相支持，才能同仇敌忾。要建立鼓励信任的规则，坚决清除不符

合企业价值观的成员。要鼓励通过团队行动取得高绩效,不论成果大小,奖励总是以团队为基础,然后再论功行赏。

(4)以成就而不是空谈来展现能力。不论能力大小、目标大小,关键需要言必行、行必果的责任担当;听其言,更要观其行,言行不一、不达目标、没有绩效的成员坚决予以淘汰。

(5)要持续变革,不断找寻新目标,打造新优势。活力来自变革,士气来自新目标,竞争力来自优势。不进则退,顺势而进,借势上行,勇立潮头,这才是令人尊敬的弄潮儿。自我革命才是无畏者,不怕失败才能成功。不存在永不倒下的"神",跌倒了能爬起来继续战斗,就是最昂扬的士气。

参考文献

[1]德鲁克.卓有成效的管理者[M].北京:机械工业出版社,2005.

[2]郭维涛.为什么老板要的是结果,却偏偏喜欢听过程?[J].中国机电工业,2012(10).

[3]李正阳.供应商绩效考核——QCDS[J].中国证券期货,2012(09).

[4]程刚.湖南吉利公司基于 QCD 的现场改善研究[D].长沙:湖南大学,2011.

[5]埃文斯,林赛.质量管理与质量控制(二)[J].中国质量,2011(02).

[6]蔺哲."商品质量"定义之我见[J].山西财经大学学报,1999(01).

[7]沈云交.什么是质量[J].世界标准化与质量管理,2005(08).

[8]王立志.质量管理演化路径研究[J].当代经济管理,2006(04).

[9]李新民,王志国,吴玉江.从"质量第一"到"顾客满意第一"[J].中国质量,2015(10).

[10]乔志杰.从质量定义看本质[J].企业标准化,2005(05).

[11]马克思.资本论(第三卷)[M].北京:人民出版社,1973.

[12]张敦力.论成本概念框架的构建[J].会计研究,2004(03).

[13]朱岩.《物权法》中"交付"的体系解释及其相关疑难问题[J].社会科学研究,2008(03).

[14]高启耀.论交付[D].大连:大连海事大学,2017.

[15] 吴超,杨冕,王秉.科学层面的安全定义及其内涵、外延与推论[J].郑州大学学报(工学版),2018,39(03).

[16] 刘跃进.从哲学层次上研究安全[J].国际关系学院学报,2000(03).

[17] 安莉娟.丛中.安全感研究述评[J].中国行为医学科学,2003(06).

[18] 辞海编辑委员会.辞海(第六版)[M].上海:上海辞书出版社,2009.

[19] 黄瑛,冯妍,裴立芳.员工士气理论的研究述评[J].中国管理信息化,2015,18(04).

[20] 刘永祥,王旭东.企业士气[J].北京石油管理干部学院学报,2008(01).

[21] 杜振齐.当前基层领导班子和领导干部的精神状态问题研究[J].领导科学,2013(30).

[22] 黄瑛,冯妍,裴立芳.员工士气理论的研究述评[J].中国管理信息化,2015,18(04).

[23] 梁宇红,金志成,军队士气研究述评[J].心理科学,2007(01).

[24] 刘辰,李雪飞,程永波,黄晔凯.基于ANP的组织士气管理测评模型研究[J].成都师范学院学报,2019,35(02).

第五章

管理的目的

目的是你信仰中的基因，它是你不经思考就相信的东西。

——尼科·默克基安尼斯[1]

第一节　组织的可持续发展——
企业的管理目的和挑战

熵增原理[2]（即热力学第二定律）认为：熵是系统内无序态程度的度量，在孤立或封闭系统内，系统总是从有序向无序演化，由非平衡态趋向平衡态的转化过程，这个过程是不可逆的，也就是熵增的。推广而言，自然界的一切过程总是自发地、不可逆地朝着使孤立系统熵增加的方向进行。企业管理系统也不例外，任何企业组织的政策、体制、文化等因素在运营过程中，都会伴随有效能量逐步减少、熵值逐渐增加的情况。

自然的熵增现象可以通过两种途径来进行调减。一是将自然系统从封闭系统变为开放系统。所谓铁打的营盘流水的兵，军队就是通过高度开放来实现组织的延续发展。另一个熵增调减的方式就是通过有序有效的管理。有效管理是减少熵增的途径，这也从本质上说明了企业为什么需要管理的原因。但受各种因素的影响和约束，人们控制和调减熵增水平的能力仍然有限。统计数据[3]表明，存活超过 5 年以上的企业占比不足总企业数的 50%，可见在竞争压力、资源压力、环境和生态压力及社会责任系统压力下，如何实现企业的可持续发展是一个特别重要的问题。

熵增原理是自然界生死存亡变化的规律，组织也不例外，组织也有其出现、成长、成熟和衰退的过程。但组织除了是一个自然系统外，还是一个人为系统，因此组织的存续时间既与环境变量高度相关，也与组织对环境的适应能力相关，更与人们对组织的影响和调控有关。可持续发展不仅意味着要存续,更意味着要持续提供有意义且增值的服务和产品。

组织的可持续发展至少有两个方面的含义:一是组织自身的可持续发展。即组织如何在充满竞争和变化的环境中得到有效管理,长久地保持其价值增值和价值贡献能力,这一点与组织管理者对组织的管理和控制能力息息相关。二是组织对社会、环境、资源等发展可持续性的影响。即组织的存在除了对其自身而言具有存在意义外,还应该对社会发展、环境约束和资源利用有正面影响作用,这一点主要反映的是环境的约束力。但作为营利性组织的企业组织,其自身的可持续发展,即管理成效和控制力的问题,表现在以利润来表达的价值贡献上,因为只有利润存在,企业组织才有了其持续存在的基础。

当然,衡量企业组织是否可持续发展的因素不仅仅是利润,利润一般衡量的是企业组织短期能力水平。从长期来看,企业可持续发展还必须关注企业在所从事行业的市场份额大小,企业资源利用率水平,企业创新、学习能力和企业发展与环境相适应水平[4]。企业的市场份额大小反映了企业的服务能力和市场认可程度,企业资源利用率水平影响企业的生产成本和环境友好程度,企业创新、学习能力则决定企业未来是否能够有效开拓新产品,服务新市场……反映企业组织可持续发展的指标很多,不同指标反映了可持续发展能力的不同方面。

判断一个企业组织是否可持续发展,既要看组织的内因,也要研究组织生存外部环境这个外因。从企业组织对社会各方面更广泛的影响视野来看,企业组织的可持续发展可从经济角度衡量的可持续发展程度、社会角度衡量的可持续发展程度和生态角度衡量的可持续发展程度三大方面来研究[5]。

综合上述两类因素三大方面，我们从以下五项内容来评价一个企业组织是否可持续发展。

1. 组织战略目标与战略愿景的有效性和前瞻性

彼得·德鲁克[6]指出："并不是有了工作，才有目标。反过来，正是因为有了目标，才能确定每个人应该做的工作"。因此，组织战略目标或者说组织愿景对组织的生存和发展至关重要。从组织而言，愿景阐述了组织将要实现什么和追求什么的问题，组织的目标和愿景应该是有价值的、值得追求的，并且是值得长期追求的，否则就会缺少吸引力和影响力；从组织与个人的互动来看，个人愿景是组织愿景产生的基础，组织愿景是个人愿景的提升和牵引，组织与个人在愿景层面达成共识才能提升组织的凝聚力和组织中个体的战斗力。组织愿景不只是看不见、摸不着的口号和幻想，组织愿景既包括我们想象和创造的关于未来景象的图画，也包括准备干什么、如何干才能到达这个目的地的行动指南和基本要求，还包括一些在此道路上需要重点关照的节点和里程碑。所以，准确地说：组织愿景是一个体系，是包括未来景象、使命、核心价值观和目标在内的一个完整体系[7]。

2. 组织本身所处领域的发展性和可持续性

组织是为一个特定目标而形成和存在的，如果这个特定目标失去意义，那么组织的存在将失去意义。时代在进步，不可避免地，我们曾经需要的可能不再需要，曾经拥有的将有可能要被抛弃。发展性和可持续性的概念可以从"生命周期"[8]概念上来理解。一方面，组织符合自然机体存在的生命周期规律，不可能无限发展；虽然组织与自然机体存在着一定差别，组织是一个人工形成的自然机体系统(形成过程是人工的,形成后是独立存在的一个自然机体),但当其系统功能减弱,"生命周期"也会结束。人们可以通过各种手段改造组织,以恢复其系统功能。改造既可以是多频度的,也可以是多维度的。改造可以是改造组织的系统运转机制和动力源,也可以按照开放系统促进熵减的思路引入新的要素和资源动力,在新的水平实现新的平衡。另一方面,如果组织本身的发展潜力或者发展内容受到限制,不具备发展性,那么这样的组织也就不具有改造价值。改造需要投入成本,如果改造成本过高或者改造后的价值水平仍然较低或没有价值时,组织将寿终正寝。

3. 组织竞争能力的持久性

自然界充满着竞争,"物竞天择,适者生存"是公理。竞争是持久的,无时无地不存在竞争,分享相同资源的组织之间也存在着为争夺资源而展开的相互竞争,且其竞争将直接影响组织的生存和发展。竞争力有两个重要来源:即资源和能力。相比资源而言,能力是更加持久的竞争力。能力的核心是差异化,且这种差异化必须能够带来某种优势。企业组织竞争的根本策略也是差异化,是能够带来额外价值利益的差异化。无论是成本领先战略、差异化战略,还是集中化战略,最终都可以通过价值增值水平来核算。成本领先战略是在产品和服务价值不变的情况下减少成本,从而实现净价值提升;差异化战略则重点放在成本不变条件下,提高产品价值水平来实现净价值的提升;而集中化战略是以规模优势(生产规模、管理规模等)来减少重复进行的复杂交易成本,实现净价值的提升。所以竞争能力持久性的根本是看差异化能力,在同等产品中看成本优势,在同等成本中看产品优势、交易优势,在同等规模中看创新优势。

4. 组织对外部环境的适应性

在引言中已经提到笔者深表赞同的张瑞敏所说的那句话，"没有成功的企业，只有时代的企业"。组织也一样，再伟大的组织如果与时代不相适应，就会遭淘汰。时间是生存环境中最恒久的变量，时代除时间外，还把当前所有人为的和自然的变化都包括在内，以构成组织最大的外部环境。环境包括人文环境和自然环境，也可以细分为政治环境、社会环境、经济环境、技术环境、生态环境等类别。

组织对外部环境的适应性是组织竞争能力的动态反映，也可以称为"动态能力"，即"整合、构建和重置公司（组织）内外部能力，以适应快速的环境变化的能力"[9]。动态能力体现在敏锐度和调节能力两个方面。敏锐度意味着随时能知晓变化，并对变化的特征做出准确的判断，特别是对环境容量的限制性变化[10]和环境中已形成的趋势性变化的感知能力；调节能力意味着对内部的核心能力进行变革，以建立、整合或重构原有的组织资源和组织能力，形成适应新形势的资源和能力的新组合。

5. 组织的创新力和创新性

创新是社会发展和人类进步的永恒主题，也是组织持续成长的动力源。广义的创新与广义的创造概念基本是相同的，是指主体所从事和围绕的一定目标，通过综合各方面信息，控制或调节客体产生有社会价值的、前所未有的新成果的活动过程。这种创新和创造活动包括理论、制度、科技、文化以及其他各方面的创新和创造在内的所有探索活动。狭义的创新主要指企业技术创新，即指创造性人才群体以首次实施技术专利或其他新设计方案为起点，以企业经济活动为范围，对生产要素和条件实现重新组合，以产品创新为核心内容，带动其他创新，具有关键环节的商品化（市场化）、投资的较大风险性、主要目标的利润性等特征的创造性实践活动[11]。

本书所说的创新主要指狭义的创新。与狭义创造概念中突出的新颖性、新奇性不同，狭义的创新活动更强调商业导向、价值导向、客户导向、利润导向，不是为创新而创新。企业组织的创新能力又包括技术创新能力、管理创新能力、价值创新能力（商业模式）、知识创新能力和组织创新能力等组织能力，还包括实施和推进创新的组织结构和文化，是组织在技术能力、功能性能力和管理能力方面的组合。

另外，组织创新除了强调个体的素质以外，更强调组织的人才群体的成分结构特征和组织本身的形式结构特征。研究表明，创新的组织主要有三大特征：一是扁平化。扁平化减少了权力距离，各层次组织成员更加敢于提出创新性的观点，增加了创新性观点得到讨论和深化的机会，更容易形成可实施的创新方案。同时扁平化也促成组织政治因素的减少，组织成员有更多的精力投入创新活动。二是网络化。网络化不仅是扁平化的手段和技术，同时也提高了信息交流的速度和效率，使更多的信息得到共享，以头脑风暴的方式触发更多的新创新。三是虚拟化。虚拟化让组织业已固化的边界和壁垒被打破，不同背景的创新人才得以共同开展创新，从不同的知识领域、不同的认识角度展开创新论证，使知识得到融合，要素得到重新整合，从而形成跨领域创新，这是现代创新的一大显著特点。

第二节 管理者在问题决策中的
角色及管理者的目标

　　管理的决策学派认为,"管理就是决策",这表明了在日常管理中决策工作所处位置的重要性。但我认为,管理就是决策这个定义,没有区分不同管理者之间的差异,特别是没有区分处在高层决策岗位上的领导者与处在中、基层管理岗位上的普通管理者的差异。

　　实际上,管理者与领导者是存在巨大差异的(在"后记"中会进一步分析)。要单独对管理者的决策进行分析,是因为在本书中笔者提到管理者时,管理者主要以被委托人和代理人的身份出现,而不是作为企业所有者身份出现,他所拥有的权力是因授权而形成,因职位而获得,他的决策是代理式决策,是职业经理人性质的决策。

1. 关于决策的一般概念

　　决策是为了达到一定的目的,从两个以上的替代(备选)方案中,选择一个有效方案的合理化过程。可以更简单地说,决策是对行为的选择,即选择做什么或者不做什么;决策是一种有意识地在备选方案中按照不断变化的预期状态进行选择的过程。决策行为聚焦于决策目标,是人们为了达到目标而做出的选择,这种选择与人们认为何种行为能够达到目标的信念有关[12]。关于决策的研究主要集中在决策过程、决策心理和决策行为上,一个完整的(理性)决策过程包括识别问题和机会、决定决策流程、寻求可能解决的方案、从备选方案中进行选择、实施选择方案、评价决策结果六个阶段[13]。但根据决策环境差异、决策时间多少、决策信息是否丰富以及决策者的知识、信念、习惯和看问题的视角差别,决策过程和决策方法会有很大的不同。决策心理和行为主要受不同个体的知觉以及价值系统的影响。知觉是个体为了对自己所在环境赋予意义而解释感觉印象的过程,个人价值系统是个人的思想价值观、道德标准、行为准则所构成的相对稳定的思维体系[14]。个体知觉(包括对问题存在和决策需要的认识知觉,对决策所需信息进行解释和评估知觉以及对权力的知觉)中包括了对权力的知觉(权力感),价值观中也包含了对不同种类权力认识的价值观。它能够影响决策者以某种特殊的心理准备状态来反映刺激物。

2. 依据决策利益主体与决策内容关系所进行的决策分类

按照决策利益主体进行划分,决策可以分为个人决策(指为自己进行的决策)和集体决策(为集体利益进行的决策);与此相对应,决策程序和方式中也分为个体决策和群体决策,个人决策指一个人决策,通俗地说就是个人说了算,群体决策指大家共同参与决策。

由此进行组合,决策可以分为关于个人问题且由个体自己做出的决策(个人—个体决策),关于个人问题由群体帮助做出的决策(个人—群体决策),关于集体的问题由集体负责人(或其代理人)做出的决策(集体—个体决策),关于集体问题由群体共同做出的决策(集体—群体决策)四个类型。图5-1为问题类型和决策类型。

3. 四种不同组合下的决策效率和水平

(1) 个人(问题)—个体决策。决策是大脑的高级认知活动之一。"个人—个体决策"是决策的最基本形式,每个人每天都在做

个人的问题

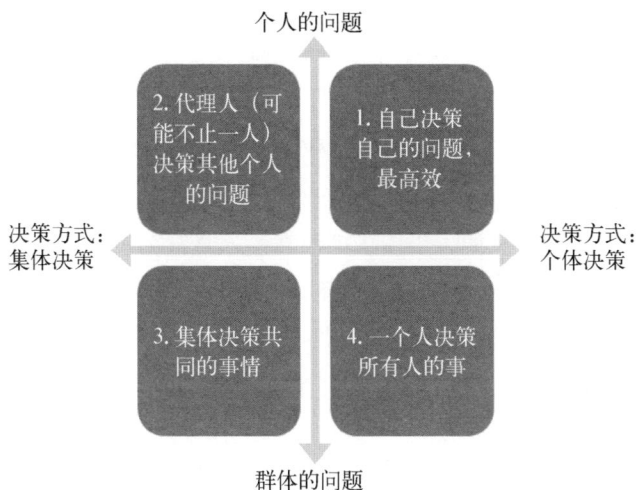

2. 代理人（可能不止一人）决策其他个人的问题	1. 自己决策自己的问题，最高效

决策方式：
集体决策

决策方式：
个体决策

3. 集体决策共同的事情	4. 一个人决策所有人的事

群体的问题

图 5‑1　问题类型与决策类型

大量的决策。但是，我们并未注意到的是决策既包含了事实成分，也包含了道德成分[15]。事实成分是指对可观察的世界及其运作方式的陈述，原则上是可以通过检验来确定真伪的，道德成分是指由于决策是对未来事态的描述，这种描述本身可能是正确的，也可能是错误的，而决策的支配性将优先选择某一种未来状态，并且让行为直接向选定方案的方向努力。对"是否是"事实的判断过程主要受认知能力的限制，而对"应该是"某个选项的选择过程主要受道德标准或者价值观的影响。

　　研究发现，总体而言，位高权重的人会以更宏观、更系统的方式认知事物[16]，思考方式更抽象，决策信心更强，注意力更加集中，更能聚焦决策目标，更多地会采用直觉决策，更注重决策过程（不论结果都接受），也更能体验积极的情绪[17]，并能够在遇到障碍和困难时继续坚持下去。但同时位高权重的人会表现出刻板印象[18]的一面，决策更武断。所以其决策是果断、英明（当决策结果正确时)和固执、古板(当决策结果错误时)的综合体。反过来说,权势和地位较低者对来自各方面的信息更加敏感,他们在做出决策时显得犹豫不决(决策过程无明确刚性指导原则,左右摇摆),却更加重视决策的结果(也因此在实际结果不好时,往往懊恼、自怨)。

(2)个人(问题)—集体决策模式。人是社会的人。人际间互相依存、联系紧密,加上现实中需要决策的问题的复杂性,决策者经常需要获得他人的帮助和建议。因此"个人—个体决策"会演化成"个人—集体决策"的模式,即通过更多的建议者、专家、参谋、友人或幕僚的参与共同决策[19]。从管理工作来看,这种决策主要出现在"民主型管理者"身上。管理者把自己的决策权主动让渡给大家来进行,或者把下属和同事看成是咨询者,通过咨询来获得信息,最终决策。

(3)集体(问题)—个体决策模式。"集体—个体决策"指的是决策个体为一个集体(问题)进行的决策,相当于管理者权力垄断或者管理者所在组织集体授权由管理者进行决策的情况,可以看成是群体决策中的特例。

"集体(问题)—个体决策"与"个人(问题)—集体决策"有类似之处,即都存在一个"决策者—建议者系统"(judge-advisor system, JAS)[20],但两者的决策者—建议者系统发挥的作用不同,在个人—集体决策中,是决策者个人建立了一个建议者系统,而在集体—个体决策模式下,建议者系统却是天然存在的,因为在集体—个体决策中,需要"决策者—建议者系统"来交换任务、观点、建议、态度等信息并实现决策目标。

(4)集体(问题)—群体决策模式。群策群力是社会进步和民主的标志。但是大家商量着办,必须要有一定的规矩,否则大家的事要么乱办,要么无法办或者只能低效地办。

"集体(问题)—群体决策"模式有多种方式,以决策规则来分,群体决策的形式主要是共同投票决策制和代理人(委员会)投票决策制两种,其中投票认可方式又分为全体一致意见(unanimity rule)规则决策制(反过来即一票否决制),绝大多数意见一致(supermajority rule)决策制,多数意见一致(majority rule)决策制。代理人既可以是一个大的执行委员会(executive committee)制度,也可以选择一种极端方式,即前面提到的第三种"集体—个体决策"模式——由大家共同委托一个代理人的独断制。

4. 管理者在问题决策中的角色

从企业管理的组织结构和管理体系形成与发展过程来看,管理者是被委托的代理人,是以契约进行约束并为企业所有者工作的代理人,意在带领被授权管理的一个组织和群体去完成组织所有者确定的组织目标。从这个意义上来看,其实通常说的企业的管理者概念就是职业经理人概念,只是从不同的侧面来表述而已。因此,就不奇怪为什么有人把职业经理人定义为"企业的管理能力供应商"[21]了。职业经理人所能提供的商品就是"管理能力",他的客户就是企业所有者(老板),角色是代理人,工作是当好组织的"保姆"。

澄清管理者在组织中的角色,使我们对管理者在管理或者说决策中的角色也更加明确。由于管理者为代理人的角色,在决策时,首要的是把握好与委托人(所有人、老板)的权力边界,履行好两种决策,即在授权范围内的努力用"群体—个体决策"方式提高效率,而在权力边界或在授权之外的则努力用好"群体—集体决策"模式。一方面尽力提出好的建议,使备选方案更加合理、可用,从而增加被采用的可能性；另一方面积极参与决策过程，使用更有利于管理目标实现的表决方式推动决策实施。

5. 管理者的目标

正因为管理者所扮演的是代理人角色，因此可以说，管理者的目标既与企业组织目标有相同的一面，也有不同的一面。

首先，管理者必须以组织的目标为目标。职业经理人具有六个特点，即专业技术性、职业化、受薪阶层、契约化、市场化和品牌化[22]。专业技术性是指管理作为一门专业，要想正确履职，需要广泛学习相关的知识和技能并作为基础；职业化是指在接受委托人委托进行履职方面，不单需要知识，还需要接受长期的职业发展，向从事相同类型的职业人学习，接受相同的训练，也需要有良好的职业道德、职业素养和职业心态；受薪阶层概念则是指管理者不是一般的出卖自己体力和智力的劳动者，现代企业的管理者（即职业经理人）岗位实际是从资本的角度来设计的，主要协调人力资本利得和货币资本利得之间的关系，管理者支薪的高低要从货币资本和人力资本两方面的结合来看待；契约化是指管理者作为企业组织所有者的代理人或者受托人，要具备契约精神，通过契约纽带，管理者从所有者手中获得权力，并运用所赋予的权力对下属行使管理职能，契约要求管理者以所有者的目标为自己的目标进行管理；市场化和品牌化则是指管理者资源本身的价值和价格是由市场来衡量的，管理者资源本身需要通过市场来进行流通和交易，而在交易中，其自身的个性化品牌，或者说其管理力的可信度、美誉度也是交易价格的重要组成部分。

其次，管理者的目标与组织的目标存在一定的冲突。不论在何种组织，作为被赋予了组织正式权力的管理者，其存在与组织本身的存在息息相关,即为了使管理者的岗位存在具有合理性,组织的存在是不可或缺的前提,若组织消失,即意味着管理者自身岗位也消失。由此可以说,管理者的第一责任就是维持本组织的存在。而企业以创造价值为核心,为了获得可持续发展的生命力和竞争力,企业以创新和改革作为自己的动力,因此组织机构也在不断变革和调整中,这使得管理者与普通员工一样很容易受到冲击,尤其是在大组织中,变革可能是如此之大,管理者岗位的竞争者又是如此之多,以至于管理者很容易因无法适应组织变革而被快速淘汰。

关于管理者与组织目标的冲突常反映在两个悖论中。一个是彼德定律中反映的悖论。彼得定律认为,管理者是代理人,代理人的岗位并不是天然赋予的,而是靠竞争获取,因此管理者会因为害怕失去岗位,在组织内用人时,总是提拔比自己能力更差的管理者。这样做确实在短期内保住了管理者自己的饭碗。但显而易见,组织的竞争力也会因此而逐渐衰退,最终可能导致组织的消亡;反过来,组织消亡也意味着所有岗位的消灭,包括管理者自身的岗位。

另一个是帕金森定律中反映的悖论。在大多数大型企业中,为了达成规模效应,科层式(或者官僚式)组织结构仍是组织的主要形式。作为代理人的管理者,经常需要为了争夺更高职位而展开竞争,这种竞争机制可以有效地选择更有胜任能力的高级管理者。但与薪酬具有刚性一样,职位也具有某种程度的刚性,因此一旦竞争到相应的岗位,如果胜任力不够,岗位也很难降低,即能者可上,但庸者不能下,仍然会保留在原来的岗位上。据此推论,帕金森得出,管理者最终总是被提拔到不能胜任的岗位。这使得企业这个竞争体系最终也会因为整体能力原因,全线崩塌。一个以不断获取竞争力而设计的机制最终却因这个机制而消亡,这就是一个悖论。

　　管理者的目标具有的这种冲突性在作为代理人角色的管理者来看是无解的。要走出这个陷阱,解决的方案和思路是管理者完成对自我的革命和对自我的发展,即把自己发展成为一名领导者,真正的领导者。

参考文献

[1] 默克基安尼斯.企业目的——伟大公司的起点[M].北京:机械工业出版社,2008.

[2] 刘艳梅,姜振寰.熵、耗散结构理论与企业管理[J].西安交通大学学报(社会科学版),2003(01).

[3] 高波,秦学成.管理熵视角的企业可持续发展能力评价研究[J].管理现代化,2015,35(06).

[4] 高文凯.企业可持续发展研究综述及未来研究展望[J].财经界(学术版),2014(07).

[5] 杜政宽.企业增长、企业发展与企业可持续发展[J].中国市场,2018(31).

[6] 德鲁克.管理的实践[M].北京:机械工业出版社,2006.

[7] 刘治江.组织愿景的价值及其构建[J].经济论坛,2005(14).

[8] 刘力钢.企业可持续发展模式研究[J].辽宁大学学报(哲学社会科学版),2000(03).

[9] 余祖德,陈俊芳.企业竞争力来源的理论综述及评述[J].科技管理研究,2009,29(06).

[10] 李建华,许芳.企业生命机理及环境适应性研究[J].自然辩证法研究,2005(09).

[11] 甘自恒.给创造学基本概念下定义的方法论探讨[J].广西大学学报(哲学社会科学版),2010,32(05).

[12] BARON J.思维与决策[M].北京:中国轻工业出版社.2009.

[13] MCSHANE S L, VAN GLINOW M A. Organizational Behavior (4th Edition) [M]. New York: McGraw-Hill/Irwin, 2008.

[14] 田丽.个体决策与群体决策的对比分析[J].当代经理人,2006(13).

［15］西蒙.管理行为［M］.北京：机械工业出版社,2004.

［16］SMITH P K, Trope Y. You focus on the forest when you're in charge of the trees: power priming and abstract information processing ［J］. Journal of Personality and Social Psychology, 2006, 90(4).

［17］BERDAHL J L, Martorana P. Effects of power on emotion and expression during a controversial group discussion ［J］. European Journal of Social Psychology, 2006, 36(4).

［18］FISKE S T. Controlling other people: the impact of power on stereotyping ［J］. The American Psychologist, 1993, 48(6).

［19］徐惊蛰,谢晓非.解释水平视角下的自己——他人决策差异［J］.心理学报,2011,43(01).

［20］SNIEZEK J A, BUCKLEY T. Cueing and cognitive conflict in judge-advisor decision making ［J］. Organizational Behavior and Human Decision Processes, 1995, 62(2).

［21］愚顽.职业经理人的"命"和"运"［J］.企业管理,2011(05).

［22］孙卫敏.职业经理人综合评价体系研究［D］.济南：山东大学,2007.

附录　此"管理"与彼"管理"①

——谈中西"管理"源流与差异

　　"一个好汉三个帮",由于群体可以超越个人实现更大的目标,管理成为人类各种活动中最重要的活动之一。管理工作的方式方法不仅因目标动机、任务内容的不同而不同,更因文化环境、群体结构的差异而不同,而这些不同可以从管理概念的差异上得到反映。

1. "管"与"理"的来源及本意

　　与现代管理学的定义不同,"管理"在《现代汉语词典》中的基本意义是"负责某项工作使顺利进行"。这充分体现了管理工作的针对性和目的性,"负责某项工作"指管理的行为所具有的针对性,"顺利进行"则是管理的目标。虽然"管理"一词在中文典籍中出现较晚,但早在《礼记》中,已经按照管理的要求,通过对每一个官位的职责进行描述准确界定了各职位的责任。如"大宰之职,掌建邦之六典,以佐王治邦国","小宰之职,掌建邦之宫刑,以治王宫之政令","大司徒之职,掌建邦之土地之图与其人民之数,以佐王安扰

---

① 引自本书作者的论文《从字词溯源理解"管理"概念及中西"管理"区别》,中国民航飞行学院学报,2019,30(05):34-39。此文有部分改动。

邦国"等。从文中可清晰看出,其时使用"掌"字来基本表示"管理"和"控制"之意,也可理解为"负责""承担"等意思,基本上是"管理"的代名词,但用"管"与"理"合用来表征管理工作的现象则出现较晚。

(1)"管"的出处与含义。

《诗经》说:"鞉鼓渊渊,嘒嘒管声","既备乃奏,箫管备举",这是"管"的早期用法,"管"指一种竹制吹奏乐器。《周礼》中用得更多:"凡乐,圜钟为宫,黄钟为角,大蔟为征,姑洗为羽,雷鼓、雷口、孤竹之管……孙竹之管……一阴一竹之管……令奏击拊,下管播乐器","道路用旌节,门关用符节,都鄙用管节"等,这些"管"也都指用竹所做的(管)乐器。不过《周礼》中还有这样的表达,"司门掌授管、键,以启闭国门"。此处,"管"与"键"并用,"管"代表锁,"键"代表钥。《左传》亦有"郑人使我掌其北门之管"一说,此处"管"亦指代"锁和钥匙"。

从"管"的造字分析,"管"字为形声字。《说文解字》记载:"管,如篪,(形声字)从竹,官声,六孔十二月之音",通俗地说就是竹管做的六孔乐器。依象形字的发展演绎,"管"由"竹"和"官"合成,有"官吏使用毛笔"之说,《诗经》就有"静女其娈,贻我彤管"诗句,唐代陆德明《经典释文》中对此解释说"管,笔管也"。而《仪礼》中则直接有"管人布幕于寝门外"的表述,在此"管人"等同于"官人",所以也有"管"字之声形皆为"官"字之说。甲骨文中的"官"字形为:上"宀",含义为覆盖或房子;下"㠯",《说文解字》认为是"聚集,众多"之意,而从甲骨文字形看,解释成垒砌的两块石头或兵符侧倾姿势更为贴切。所以"官"字既有"坐在房子里管理一大群人的人",也可解释为"一座建筑物高耸在小山上"或"藏有朝廷所授权印的军政要地",因此"官"的本义是治理、统治之意,也表示统一、总统,把不同的统一起来、集中在一起。"管"来自"官"字,因此"管"也具有"治理、统一"等意。从《荀子》的"人主者,以官人为能者也"表述中可证实,"官"此处通"管",就是说"君主,以善于用人为有才能"。

"管"的另一个用法是作为姓氏。"管"在周朝就用作姓氏,《广韵》"管"韵中解释"管"为"乐器也,又姓,出平原周文王子管叔之后"。《史记》记载:"周武王崩,武庚与管叔、蔡叔作乱,成王命周公诛之,而立微子于宋,以续殷后焉",即此。

因此,归纳以上信息,早期"管"主要有四种用法,一是指锁,二是指(管)乐器,三是指姓,四是指笔管。可以《说文解字》来佐证,"管"(像笛,六孔,代表十二月之音)更多的是指(管)乐器。

(2)"理"的出处与含义。

再来说"理"。"理"的基本意思是"物质本身的纹路、层次,客观事物本身的次序"。从造字方法来看,"理"是个形声兼会意字,《说文解字》中说"理:治玉也",是从琢磨打理玉石发展而来,而琢磨打理玉石重要的是顺着玉石的纹路,所以"理"最早应是指玉石的纹路。不过《诗经》有"我疆我理,南东其亩"的表述,这里的"理"虽不直接表示玉石纹路,而是"将大的田块划成小的沟陇"之意,然一陇陇的田也构成相应的纹路。在战国时期的典籍中,"理"字已用得较多,如《中庸》说"文理密察,足以有别也",又有"君子之道,淡而不厌,简而文,温而理",这几处的"理"都指条理之意。《孟子》则有"天理人欲,不容并立",该处的"天理"指代"仁义"。《韩非子》对什么是"理"进行了更深入的定义和解释,"道者,万物之所然也,万理之所稽也。理者,成物之文也;道者,万物之所以成也",意思是说:"道"是万物生成的根本动力,是万"理"构成形式的总汇;"理"是构成万物的外在形式,"道"是生成万物的根本原因。又说

"凡理者,方圆、短长、粗靡、坚脆之分也,故理定而后可得道也",即"理"就是指万物的方圆、短长、粗细、坚脆的区别,"理"确定以后才可能进一步获得规律。所以"理"不仅是构成万物的外在形式,也是每一个具体的事物之所以如此的根据和原因;"理"是万物之间的区别,是指万物所具有的个别的具体的规律,"理"是"道"的具体化。"理"和"道"分不开,故常称"道理",如:"夫缘道理以从事者,无不能成",意思是说:按事物本身的道理办事,没有不能成功的。

归纳以上分析可看出,"理"字早期的用法和含义,主要从造字时"玉石的纹路"之意扩展,除纹路的基本意思外,还指代条理、规律、根据、原因、形式以及整理等;在词性上,既有造字时的"纹理"这个名词概念,也有"形成纹理"的动词概念。

(3)"管"与"理"表达"管理"概念的应用。

早期"管"字主要作为名词,但也存在名词动化用法。《礼记》有"所举于晋国管库之士七十有余家"之说,即在晋国设有"管库"之工作。此处,"管"的原意应该还有负责"锁和钥",即"管库"工作的本身职责就是管理仓库。因此可以说此处已经将"管"字动化成"管理"之意,"管库"后演变成"库管"(库房管理或管理库房)之说延续至今。另外,《史记》中有"崔杼、淖齿管齐……李兑管赵,囚主父于沙丘,百日而饿死",此处两个"管"字为"专权"和"掌管"之意,也是动词"管理"意义的一种表达。再者,《史记》中记载"今高素小,陛下幸称举,令在上位,管中事……",这是赵高自己的话,意思是"如今为臣赵高生来卑下,幸蒙陛下抬举,让我身居高位,管理宫廷事务",此处之"管"则是很直接的"管理"之意了。

同样,"理"字在其"纹理""道理"意义的基础上,经过发展更多地用于表达或接近表达"管理"的意思。如《史记》中的:"皋陶作士以理民",以及"运理群物,考验事实,各载其名……",这两个用法

管理者的实践逻辑

中"理"字都有"治理、管理"之意，前者可理解为"皋陶担任执法的士这一官职，去管理和治理民众"，后者可解释成"执掌管理万物，考察验证事实，分别记录其名"。另《汉书》有"为之立君以统理之"，《文心雕龙》有"序以建言，首引情本，乱以理篇，写送文势……"，《资治通鉴》有"皇帝继五帝、三皇之业，统理中国……""宰相者，上佐天子，理阴阳，顺四时……"等表述，这些表述中"理"字均有管理、总结、整理、理顺等与现代管理之"理"相似之意。

2. 中国经典文献中关于"管理"的用法与含义

（1）"管理"一词的出现和用法。

前文已述，虽然"管"与"理"字源不同，但在《史记》《汉书》等著述中，用法上已经常有相近之处，"管"与"理"都有现代"管理"之意。但直接使用"管理"一词进行表述则是在唐宋开始的，唐朝开始设置"节度使"，即"节度管理使"。后晋刘昫主持编撰的《旧唐书》记载："中丞刘怦为幽州长史、御史大夫、幽州卢龙节度副大使、兼知节度管理度支营田观察、押奚契丹经略卢龙等军使……"，"节度管理使"为职务，因持节，所以直接代表皇帝在一方有生杀大权，是常驻地方的中央官员，通常称节度使，此处，"节度管理使"之"管"应是代表皇帝的权力，"理"则表示可以相机处理，是"管"和"理"有机地结合在一起使用。

唐宋后，以明代著述最丰，"管理"合用之处增多。元末明初罗贯中的《三国演义》第十四回有："却说张飞自送玄德起身后，一应杂事，俱付陈元龙管理……"；元末明初施耐庵的《水浒传》第六十回有："宋江每日领众举哀，无心管理山寨事务……"，明代吴承恩《西游记》第六回中有："他因没事干管理，东游西荡……"；其他如明代沈德符《万历野获编》、明代兰陵笑笑生《金瓶梅》、明代冯梦龙

《醒世恒言》《喻世明言》等著述亦均有使用。

及至明末,"管理"一词使用更频,范围也更广。明末凌濛初《初刻拍案惊奇》中多次使用"管理",如"卷八"中有"往来交易,陈大郎和小勇两人管理……","卷十五"中有:"房子付与李生自去管理……","卷三十三"之"你又是个女人,不能支持门户,不得不与女婿管理……"。其他文籍中也有相似用法,清代李汝珍的《镜花缘》、清代黄世仲的《廿载繁华梦》、清代金松岑和曾朴所作的《孽海花》等皆有"管理"用法的出现,而张廷玉主修《明史》、魏源编写的《海国图志》和清廷的《大清律》中也有"管理"用法。

(2)"管理"使用特点和含义。

即便"管理"一词曾出现在各种古籍中,但与今日的管理概念相比仍是有一定区别。

一是古籍中"管理"的内容主要指"事",与现在管理对象的泛化相比,概念仍是狭义的。《万历野获编》言"管理府事",《廿载繁华梦》中有"周庸祐既然不甚管理家事""自己愿竭力替他管理商业""从前衙里二三百万公款,都由库书管理……"等表述,管理的对象都是指一个方面,即相关的事情,或某件事。《海国图志》中"管理银钱出入者,谓之财库……",其管理的对象"银钱",也是比较具体的事。

当然,也有管理范围大一些或者管理对象模糊一些的,如《大清律》中写"发遣新疆废员派令管理铅铁等厂……"等,《海国图志》中有"当此际有英官管理埠头,但通商甚微,物产不多……"等,管理的对象是工厂和码头,没指具体事,有很大的扩展空间。

二是古籍中"管理"含义依然以"管"和"理"两个名词动词化后基本意义的重叠使用为多。"管"和"理"都有"掌控、掌管、控制、打理、清理、整理"的意思,《水浒传》第六十回有:"宋江每日领众举

哀,无心管理山寨事务……",此处既可以省略"管",也可以省略
"理",既可以说"无心管山寨事务",也可以说"无心理山寨事务",
意义差别不大,可见两字为同义叠加。《红楼梦》中表述的"将学中
之事,又命贾瑞暂且管理……",以及《孽海花》中"恰好斐氏有个亲
戚在中国上海道胜银行管理……",用法也相似。

三是古籍中"管理"一词意义比"管"和"理"单独使用更加丰
富,可以互相补充,这也体现了用词造句(从古用到今用)的发展过
程。早期(古代)"管"和"理"合用主要是同义重复,之后两个字的
含义才逐步分化,有了不同的侧重点,"管"主要侧重管理范围,
"理"主要侧重管理方法。如《海国图志》中"管理银钱出入者,谓之
财库"的说法,省略"管"或者省略"理",意义都会不同。如写为"管
银钱出入",重点指这个人有权力给不给别人或者收不收别人的银
钱;而如写为"理银钱出入",重点则在做好银钱出入的记账上面,
而不用掌握是否应该给或应该收。再向更广义的范围延伸。如:
《孽海花》中"各国学堂林立,百姓读书归国家管理……"的表述中
"管理"对象和范围都不特别明确,其可扩展意义也显得更多、更
丰富。

3. 现代管理学中的中文词"管理"之义

(1) 现代管理学之中文词"管理"。

现代管理学是从泰勒(Taylor)的《科学管理原理》开始的。得
益于 20 世纪初的早期一批留学生和工商界的学者,中国并没有在
管理学的现代化起点上有太多的滞后。1911 年泰勒发表 *The
Principle of Scientific Management*(即《科学管理原理》),在取
得泰勒本人同意后由中国留学生穆湘玥(字藕初,1876—1943)翻
译,并以"工厂适用学理的管理法"为书名于 1916 年 10 月由中华

书局在上海出版发行,其后更多的留学生和学者将西方经典管理学的著作介绍到中国,穆藕初还和当时的一些时代精英们一起,通过创办和经营现代工厂(当时主要是纺纱厂)尝试科学管理的实践。在这波国际性"管理运动"中,受总部设在日内瓦的"国际管理科学研究院"的影响,国民政府于1930年6月29日在上海召开代表会,宣告成立"中国工商管理协会"(The China Institute of Scientific Management,即"中国科学管理学会"),由时任工商部长孔祥熙和次长穆藕初在内的15人担任理事。

至此,中国文字"管理",与英文中的"management"正式"结缘",同时也经常对应"administration"一词。

(2)现代管理学的"管理"与中文语境之"管理"的区别。

与别的学科概念的定义方法不同,现代管理学发展一百多年,有关"管理"的概念和定义至今还没有达成统一的认识。英文"管理(manage)"一词来源于意大利语中"maneyg"和后缀"-iare"的组词,意思是驾驭、驯服(马);也来源于拉丁文,词的前缀"manus-",是手的意思。根据罗宾斯的说法,"管理者(manager)"这个词起源于1588年,是用来描述负责管理的人。大约18世纪初期开始,这个词被用来特指督导整个公司或公共组织工作的人。但真正使"管理"这个词流传开来,则是在泰勒发表《科学管理原理》之后。

关于管理的概念,我们重点来看现代管理,也就是科学管理的奠基者泰勒的定义。泰勒在《科学管理原理》是这样定义的,"管理的主要目的应该是使雇主实现最大限度的富裕,也联系着每个雇员是否能实现最大限度的富裕……在一个更复杂的制造业企业中,情况也将是十分清楚的,企业只有能做到以最小量的综合支出(包括人力、自然资源和以机器、建筑物等形式出现的资本的费用等)完成企业的工作,才能实现工人最大的富裕,同时也结合着雇主的最大富裕";而管理技术的定义是"确切知道要别人干什么,并注意他们用最好最经济的方法去干……而雇主和工人的关系无疑是这项技术的最重要部分"。泰勒没有直接回答"管理的概念"和"管理是什么",而是用"管理目的"和"管理技术"分别叙述管理的要义和内涵。泰勒的定义归纳起来可以简化为管理就是要确切知道别人干什么,并以最好最经济的方法和以最小量的综合支出完成企业的工作,实现雇主和工人最大的富裕。

由此看,泰勒"科学管理"之"管理"与中文语境"管理"一词虽使用相同的字词表达,但意义相距甚远。对比《现代汉语词典》中的管理是"负责某项工作使顺利进行"之意,可以发现:一是管理的目标不同,科学管理发展以后的"管理"核心是从人本出发,实现工人和企业的富裕,而中文语境的管理更注重的是工作管理,完成工作任务本身;二是管理过程不同,科学管理强调使用管理技术,使得管理的内在过程可以最好和最经济,或者最小量的综合支出完成,中文语境下的管理更注重的是外在的表现"顺利",采用什么方法、采用多少资源这些内在过程性指标可以忽略;所以在中文语境下或者在中国文化下为达成目标经常会说"不惜一切代价""想尽一切办法""调动一切可以调动的力量",而这些从科学管理的角度来看,无疑是不理性的,或者说是不经济的,不是有效管理的方法和思路。

(3)现代管理学的"管理"与中国文化背景下的"管理"的区分。

现代管理学起源于西方,发展到今天已是一个非常系统化的体系,一百多年来中国也一直亦步亦趋,学习西方的管理理论。但是由于管理所处的环境不同,组织根植的文化不同,在管理实践中呈现的管理特点也不同,因而在中国文化背景下的管理(也表述为"中国式管理")含义也不同。

一是管理对象的差异：现代管理学的文化渊源来自文艺复兴，其制度根基扎根于新教伦理，其核心理念是"人本"，即个性解放和自由平等。管理对象为拥有独立意志的理性经济人，即"个人"，因此在管理中以契约为基础，按照"有效、经济"的方法开展管理活动。而中国式管理根植于中国传统哲学，文化基础是儒教的"仁义礼智信"，核心思想是"民本"，体现集体主义的特征，因此管理对象更侧重于"群体"，而不单纯是组织中的"个体"。这使得在中国式管理中，"个人"不单受法律制度约束，更主要的是受群体规范（包括道德标准）约束，在不同的群体内"个人"的行为表现差异较大（行为一致性较低）。

二是管理重点的区别：按照西方管理学的经典定义进行简化，管理是通过组织中的人（其他人）实现目标（有效率和有效果将事情完成）的过程。因此，人只是实现目标的工具，以马克思的观点，即"人异化成物"，"人的关系也被物化"。由于"异化"和"物化"，科学管理可以靠系统性的制度，采取刚性管理，通过一系列的监督和控制手段保证过程得到有效管控，来确保目标的实现和效率的提升；而中国式管理的基础就是把人当成人看，人是非常"有创造力"的个体，也是非常"有灵活性、可变通"的个体，因此中国式管理主要靠文化，采取柔性管理进行牵引，重点在用对人、用好人上着力，讲求权谋和领导艺术，以结果为导向，过程规则和过程管理较少。

三是管理手段和方法的不同：在现代管理中，无论"经济人"还是"社会人"的假定，其基本前提是"理性人"（理性主义），即与管理的事可以被预测一样，管理的人会按照理性的逻辑开展活动，其行为也是可以预测的，因此管理中的核心职能的发挥是"组织与协调"；与其相对应，中国式管理认为人的行为受环境因素、群体特征和个人情感影响更多，是"感性人"（人性主义），因此为了实现组织的目标,更多地需要管理者对被管理者进行"控制和影响",但控制和影响的规则并不明晰。其中,控制一般通过惩戒以明示,影响则通过表扬与奖励来实现。

四是管理目标的差别:中国式管理的追求目标植根于古代行政管理实践,讲求天时地利人和,认为商业利益能否实现主要与天时地利有关。企业是一群人赖以生存的组织,管理能做的关键是"人和",即实现组织体系的稳定与和谐,因此一切管理手段和方法都是为组织稳定服务的。现代管理学的理论来源于企业管理的实践,企业是从事生产和经营活动以谋求利润的经济组织,企业的首要目标是从经济利益出发,追求利润的最大化,促进企业的不断发展,因此科学管理的目标主要是促进组织发展。所谓"铁打的营盘流水的兵",只要组织能发展壮大,商业利润能够保证,组织中个体的调整和改变并不在考虑重点之内。

4. 结语

管理是人们日常生活和工作中经常提到的概念,管理既有古今异同,也有中西差别。文明可以一脉相承,可以通过实践不断深化和发展,文明之间也可以通过互相借鉴而得到壮大和完善。中国管理文明深厚的积淀,特别是在行政管理实践上,以儒释道融合形成的传统哲学思想,加上历代圣贤对治国理政的不断探索逐步形成的独具特色的中国管理哲学、中国管理思想和中国管理论述在历史更迭中得到传承和发展。同时通过借鉴西方管理学的理论和实践,特别是其在企业管理方面的理论、实践和方法,中国管理又可以更好地为中国经济社会的发展助力。而伴随着中国管理的发展,特别是中国经济在全球地位的提升,中国管理也必将成为现代管理思想的重要组成部分走向世界。

后记　走上新起点

——从管理者到领导者

　　本书命名为"管理者的实践逻辑"，实则是个人二十多年管理工作的一些心得，虽然进行了一些理论分析，但是谈不上有多深。更多的是自己在实践中不断学习、不断思考、不断梳理逻辑、不断尝试后得出的还不成熟的一个中间产品。正如德鲁克所说："要成为卓有成效的管理者，就要做某些事情，这些事情实际上相当简单，那就是亲自实践。"要厘清作为一个管理者应该如何思考、如何开展工作、如何取得成效的逻辑，唯一的方式也是通过实践。

　　本书是以如何管理作为研究对象的，但是在今天的管理学界和管理者中，更多人谈论的是领导和领导力，甚至有不少刚起步的管理者也在大谈领导力，一种是把管理与领导概念等同，另一种是觉得讲管理而不讲领导则显得自己层次比较低。但笔者个人一个比较肤浅的认识是，没有管理作为基石而谈论领导和领导力似乎是建造空中楼阁，不切合实际。笔者自觉对"管理是什么"这个问题现在还没有很好的回答，所以不敢妄议领导力。也希望有更多的学者与实际管理者能将两者结合起来，更加深入地研究管理问题，把管理者有效管理的思想理念、方法工具、行为特征进行更加系统而全面的分析，并将管理与领导，管理者与领导者的相互联系和区别，按照概念内涵、运用环境、岗位层次进行梳理，以更加有效的方法呈现管理者与领导者的逻辑特征。

作为本书的最后一部分内容，我想尝试把管理和领导做个关联，进行一些分析，主要说两个问题。

1. 什么是领导

在沃伦·本尼斯于 20 世纪 90 年代提出"领导力"概念之前，"领导"一词只是管理学书籍中作为管理的一项职能。正是在本尼斯的研究中，"领导"第一次从管理概念中被分离出来，作为与管理不同但能互补的概念而运用。在其《领导者》一书序言的第一节"重新审视领导力"的第一页上，本尼斯写道："我们认为，领导者的组织目的与管理者截然不同"，并总结出"管理者是把事做对的人，领导者是做对的事的人"这个管理者与领导者之间最核心的差异。

"领导力"概念一经提出就引起人们极大的关注。与管理定义一样，关于领导和领导力的定义也不计其数，正因为关于领导与领导力的定义是如此之多，以至于德国卓越的管理学家施普伦格认为："我们可以感觉（领导）这些行为，但我们只能对它的意义进行补充描述，却无法对其下定义"。施普伦格认为："领导并非是一种人们可以直接感受到的东西。它是一个由他人从外部贴上去的标签"，因为从领导的内涵来看，"领导并不是工作，它是一种附加活动，其内容似乎就是把不同的工作活动串联起来，并为这些工作设立一个明确的界限"。这个"不是定义的定义"的表达方式正好说明领导主要是怎样影响人的问题，领导力的发展其实是影响力的发展问题，而影响力形式多样，作用发挥方式也各有不同，定义起来自然也非常困难。

虽然给"领导"下定义不容易，但人们给这一概念下的定义还是有不少。本尼斯认为"领导是影响、指引方向、过程、行动并提出意见"；领导行为的精髓是"通过愿景唤起专注，通过沟通赋予意义，通过定位赢得信任，通过自重实现自我成长"。国内的研究者中有人把领导定义为"领导者在特定的情境中吸引和影响被领导者与利益相关者并持续实现群体或组织目标的过程"。近年来，有关领导力的研究更加广泛，领导的概念也更加泛化，被研究者从权力、情感、组织、行为和道德伦理等各种视角来进行表述。具代表性的如：从领导者的行为导向视角来描述领导，则领导者与管理者的行为显著的不同是，领导者行为重在战略导向、未来导向、机会导向和人员导向；也有这样区分的，"管理说到底其实就是要完成工作"，"领导是对不同行为的综合描述，他的目的是要把人'领'向某个方向"；更有非常直白的区分说法：管理是以工作为导向的过程活动，领导是以人为导向的活动过程。

2. 管理者和领导者的区别与联系

从上述关于"领导"的定义讨论不难看出，领导者与管理者之间存在较大的差异。一种观点认为管理与领导是统与分的关系，"领导是从管理中分化出来的高层次的组织管理活动。领导和管理的最终目标是趋同的、一致的，基本功能也是互融的、相通的"，即可以笼统地称呼所有人为管理者，而对于那些高层次的管理者，可以尊称为"领导者"。也有观点认为：领导者的角色定位是"帅"，是"将将"者，是管战略、管方向、管全局、管整体的；而管理者的角色定位是"将"，是"将兵"者，是实施战略，管具体、管执行、管细节的。或者说"领导主要是指统率、指引一个相对独立的组织或团体；管理则主要是指对于某个团体的职能部门进行指挥、控制、监督、反馈等工作"。从这个区分上看,管理变成了领导活动的分支和末节,是领导活动在各个部门的具体化,所以领导者的岗位要明显高于管理者。还有的说法是"领导者和管理者的区别最明显的是体现在如何对待目标上。领导者确定目标,并借此激发出力量;管理者则控制着指使别人的力量"。这种区分似乎说明领导者和管理者对其他人的影响力量和方式是不同的,领导者重在引领,管理者重在控制。

关于领导与管理以及领导者与管理者有哪些联系和区分的说法还有很多,在此不一一列举。从大多数学者的观点来看,与管理所指的是"群体中共同完成任务的过程"不同,领导揭示的是有人引领、有人跟随的这种社会现象,或者说,领导重点揭示的是一个群体能变成一个团队的原因。所以管理的概念重点面向任务,而领导的概念重点面向团队中的人,是从人的互动关系、组织、权威、伦理关系、心理感觉等角度解释领导者之所以能成为领导者的原因。

所以从这个意义上来说,我们认为管理者与领导者所做的不是同一类工作。管理者重点发展的是处理事务的能力,特别是基层管理者,以面对具体工作为主,虽然也带领一个团队,但这个团队的成员之间相对而言同质化较强,人际间的互动关系处理不是其主要内容;而领导者所处理的引领与跟随关系,主要面向异质化团队,要么人数众多,互动关系复杂,要么个体差异特别大,还要处理诸如伦理关系和微妙的心理感觉因素。因此领导者主要面向团队中的特定人和人群来开展工作,统一思想。

当然,领导者与管理者本身也是相互联系的。德鲁克说"管理不是'管理人'而是'领导人',目标是充分发挥和利用每个人的优势和知识"。虽然管理的目标是完成任务,但完成这个任务的过程还是要充分发挥和利用好每位被管理者,这种发挥被管理者作用的过程靠的也是"领导"。所以称职的管理者必定也发挥好了领导的职能,有一定程度的"领导力"。

另外,从领导力发展来看,今天,通过众多研究发现,领导者的"领导行为"才是领导力的真正来源,而不是领导者的某些天然的"领导特质"。这些领导行为可以在工作环境中进行培养,因此将管理者培养成为领导者是一种可能。

但无论如何,管理者与领导者存在着很大的差别。有人这么说:管理者经营,领导者创新;管理者复制,领导者原创;管理者关注系统和结构,领导者关注人;管理者依赖控制,领导者鼓励信任;管理者询问"如何""何时",领导者询问"什么""为何";管理者总是将眼睛盯在底线上,领导者总是将眼睛落在地平线上;管理者矫正事物,领导者做正确的事情;管理者是经典意义上的好战士,领导者则是他自己。也有人这么说,管理者以稳定为导向,领导者以变革为导向;管理者以理性为导向,领导者以直觉为导向;管理者以怀疑为导向,领导者以信任为导向;管理者以目标为导向,领导者以过程为导向;管理者以监控为导向,领导者以自由空间为导向;管理者以组织自身和管理者自身为导向,领导者以客户和员工为导向。

概括而言,有关管理者与领导者之间林林总总的观点可以归纳为五个方面的差异,一是思维方式上的,二是工作目标上的,三是工作性质上的,四是实现目标的方法和手段上的,五是工作重心和焦点上的。

由于这五个方面的差异,导致领导者与管理者的发展路径有很大的不同。不过,最起码在"带领团队实现组织目标"这一点上两者是共通的,这也是管理工作的基本属性,所以毫无疑问,领导者也必须在管理的其他三个职能（计划、组织、控制）上具备相当的能力；而领导是管理的一个职能，管理者必然是要懂得发挥领导职能作用的，但未必达到领导者那种高瞻远瞩、引领方向的程度。这种重叠和交叉让笔者对管理者和领导者在能力模型上的直觉判断是：如果我们仍然按照管理的四个职能来分析管理者和领导者，那么管理的四个职能必然可以分为基础性的和拓展性的，管理者和领导者需要的是在四个职能上进行不同能力组合。从管理的角度来看，管理者在领导职能方面只需要得到基础性的发展，而在除领导职能以外的所有职能中都有更多的发展，所以才成为一名"好"的管理者（即好的管理者＝基础性的计划、组织、领导、控制能力＋得到提升的计划、组织和控制能力）；而相反，领导者除了在计划、组织、控制职能方面有了基本的掌握外，他们在"领导"的职能上得到了重点发展，而领导职能的高度发展正是成为"好"领导者的关键（即好的领导者＝基础性的计划、组织、领导、控制能力＋得到大幅拓展的领导能力）。这既能够解释为什么管理者和领导者通常都是从基层管理者（基层管理者＝具备基础性计划、组织、领导、控制能力）开始的，也能解释为什么"好"的管理者并不就是"好"的领导者，以及"好"的领导者并不就是"好"的管理者（诸如刘邦是个成功的领导者，但却不是一个好的管理者，即"不善将兵，但善将将"）。图1中四种管理职能能力发展的潜在范围即可说明问题。

当然，由于领导者需要发展"领导"职能或者领导能力（领导力）的可提高空间巨大，所以从一名管理者发展成为一名领导者需要付出更多的努力、走更艰辛的道路；另外，虽然笔者不是领导特质理论的拥趸，但是笔者认为"领导行为"受"领导思维"的指引，而领导思维除了包含环境和经历影响外，大脑思维的激发有很多随

能力值
水平

∞
k8

k7
k6
k5

k4
k3
k2
k1

0　　　计划　　　组织　　　领导　　　控制　　　管理职能

提高性能力（计划）　提高性能力（组织）　可提高性能力范围（领导）　提高性能力（控制）

基础性能力（计划）　基础性能力（组织）　基础性能力（领导）　基础性能力（控制）

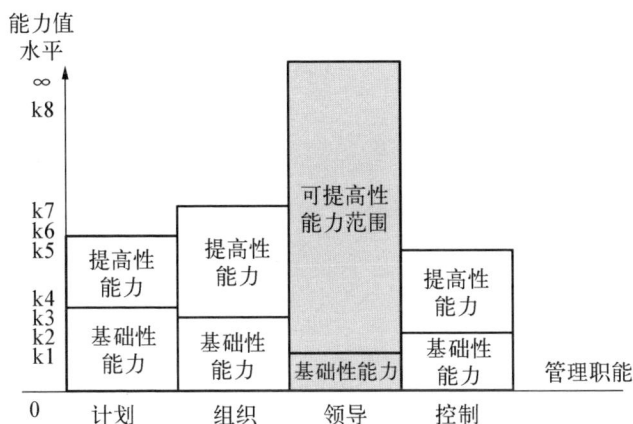

图1　四种管理职能能力发展的潜在范围

机性的原因。或者说笔者相信领导力、影响力或者说与人打交道
的能力需要更多的情商、逆境商为基础，而这方面确实与人们自身
个性当中的某些特质（包括思维的特质）相关，因而与管理者培养
相比，在领导者发展的道路上也存在更大的不确定性。